Inhaltsverzeichnis

nachspuren, schreiben, malen

erkennen

hören

lesen

Lola

Feld zum Markieren erledigter Aufgaben ☒

1

2

Bildwörter mit gleichem Anlaut verbinden

1

A   E   I   O   U

2

Sch
J
G
B
D
W
S
L
M

mit der Schreibtabelle vergleichen:
Anlautbilder mit dem passenden Buchstaben verbinden

1

Au   Eu   Ei   Ä   Ö   Ü

2

ch
R
K
P
T
F
Z
H
N

mit der Schreibtabelle vergleichen:
Anlautbilder mit dem passenden Buchstaben verbinden

5

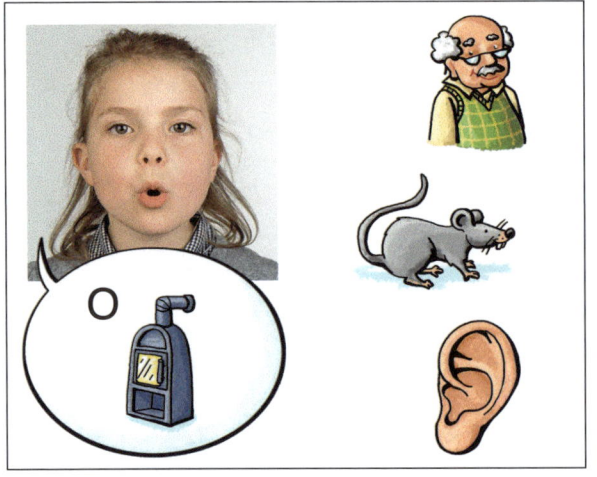

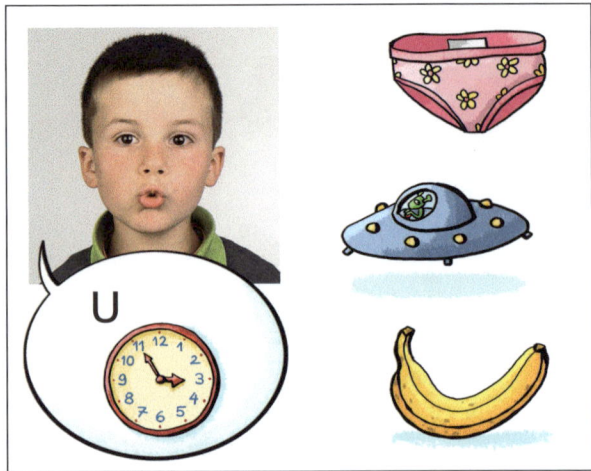

Anlautfoto mit passendem Anlautbild verbinden

1

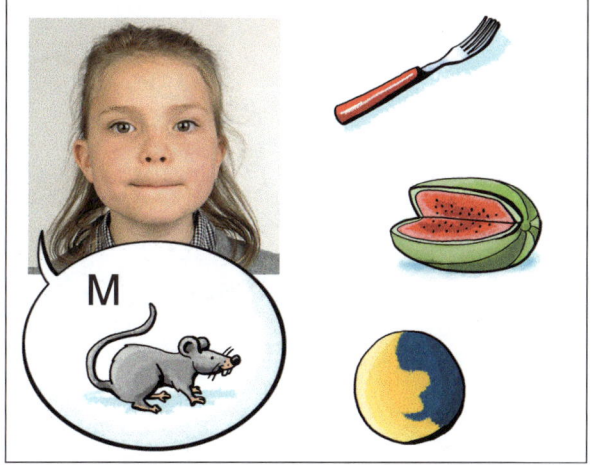

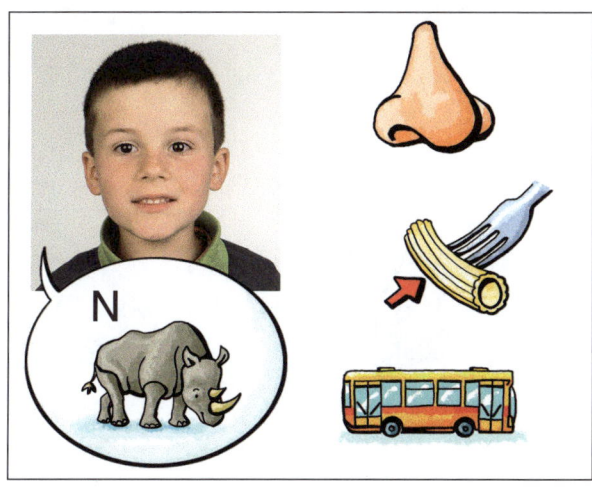

Anlautfoto mit passendem Anlautbild verbinden

1

| L | | S | | | |

mit Hilfe der Schreibtabelle Anlaute finden und notieren

1

Ä

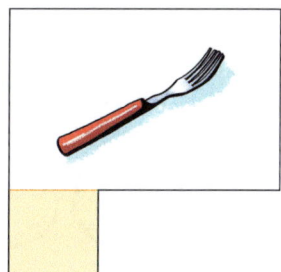

2

Eu

mit Hilfe der Schreibtabelle Anlaute finden und notieren

9

1

L O L A    Lola _____

_____

_____

_____

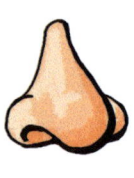      

_____

_____

mit Hilfe der Schreibtabelle jedem Anlautbild einen Buchstaben zuordnen, Wort schreiben

1

Mama

2

mit Hilfe der Schreibtabelle jedem Anlautbild einen Buchstaben zuordnen, Wort schreiben;
Wort lesen und mit Bild verbinden

1

H

2

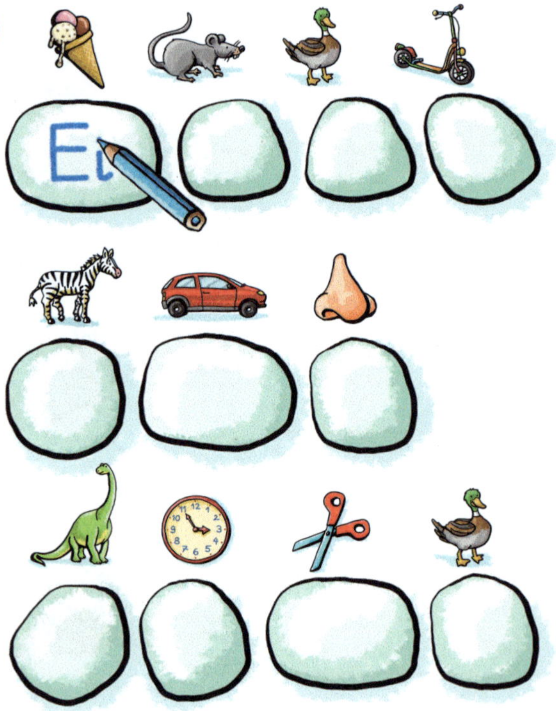

E

mit Hilfe der Schreibtabelle jedem Anlautbild einen Buchstaben zuordnen, Wort schreiben;
Wort lesen und mit Bild verbinden

1

L o l a

Wörter in Laute zerlegen und schreiben: Für jeden Laut einen Punkt notieren;
für jeden Laut mit Hilfe der Schreibtabelle einen Buchstaben schreiben

Am Ende **-e**!

1

• • • • •

W o l k e

Sch

2

• • •

Wörter in Laute zerlegen: Für jeden Laut einen Punkt notieren; für jeden Laut
mit Hilfe der Schreibtabelle einen Buchstaben / eine Buchstabenverbindung schreiben

15

Sankt Martin

Schwert

Nikolaus

1 Sch

2 Was ist in deinem 👢?

1

_____   _____   _____

2

Mein Wunschzettel

_____

_____

_____

_____

_____

_____

aufschreiben, was in den Geschenken sein könnte;
eigene Wünsche notieren (und malen)

Winter

1

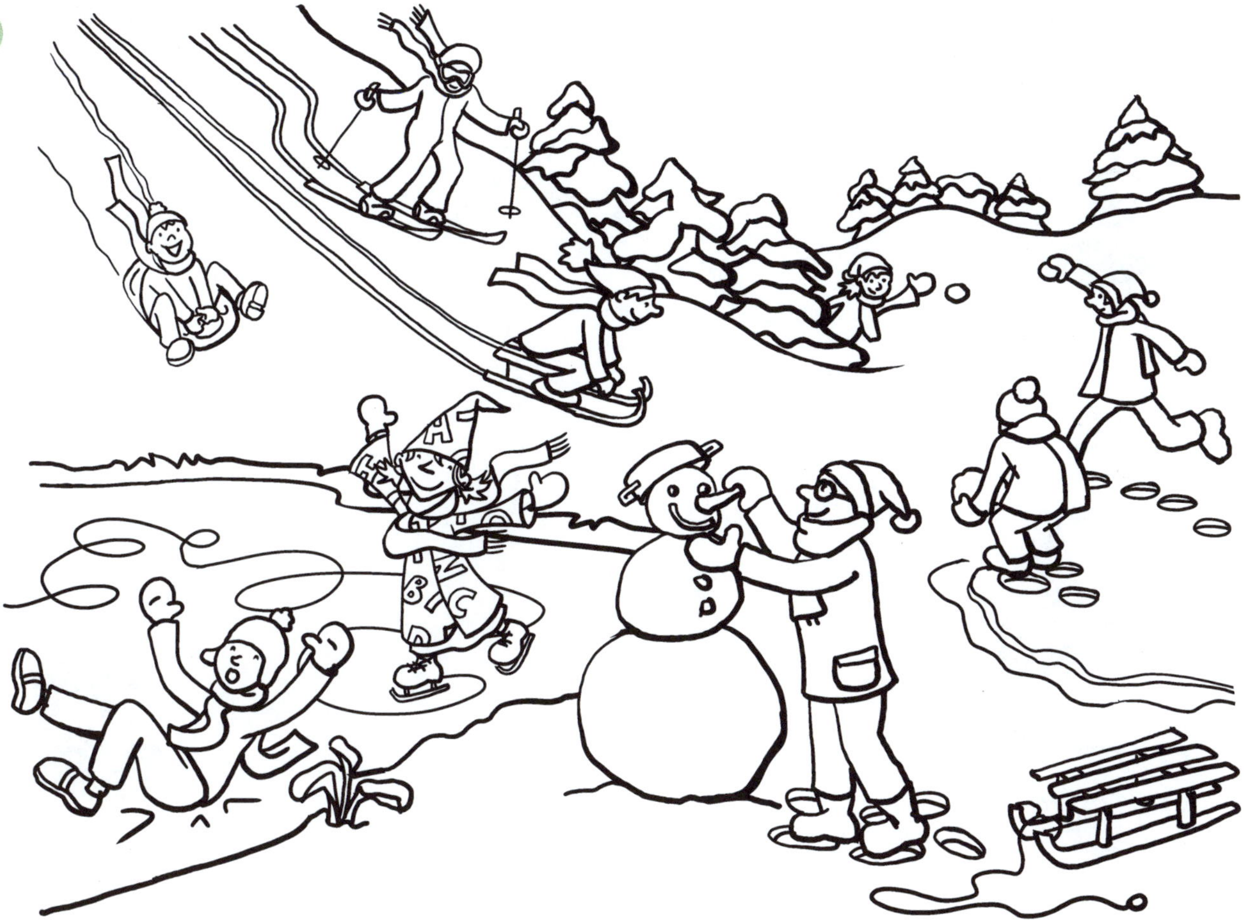

Sätze oder eine kleine Geschichte zum Bild schreiben

Fasching

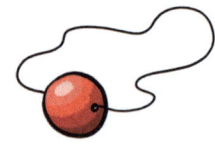

malen und schreiben, als was man sich verkleiden möchte

1

zu den Bildern eine Geschichte schreiben

1

falten    malen 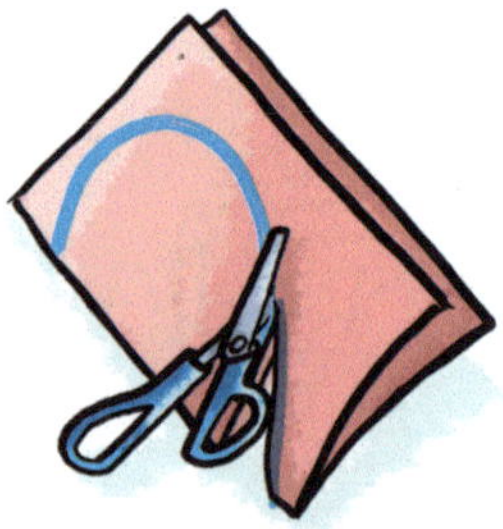   schneiden    schreiben

Gedicht oder Brief für Mama oder Papa schreiben

Mein Lieblingsbuch

1

Titel

Autor

Bild

2 Ich mag das Buch, weil

zum Lieblingsbuch schreiben und malen

23

Wem willst du schreiben?

Name

Straße

Ort

Land

(aus den Ferien) eine Postkarte schreiben

Inhaltsverzeichnis

nachspuren,
schreiben, malen

Lola

erkennen

hören

lesen

Feld zum Markieren erledigter Aufgaben ☒

1

2

L l

 1

Lineal

Lampe

Salami

Wal

Lama

Melone

Schal

Telefon

 2

L/l im Wort nachspuren; L/l schreiben

L l

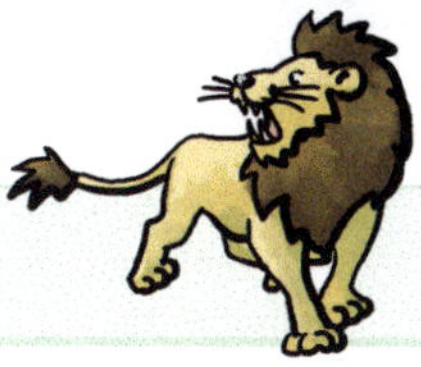

1

2

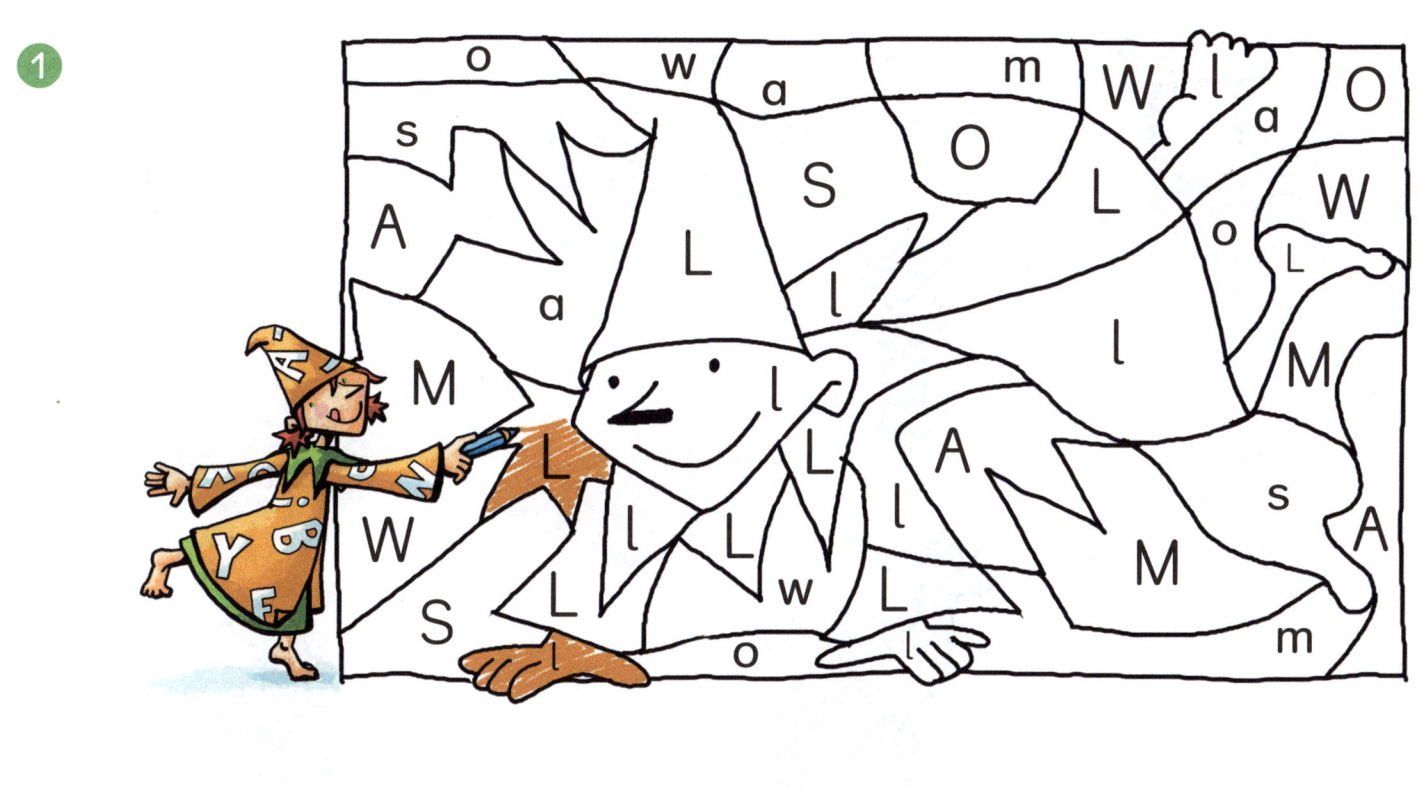

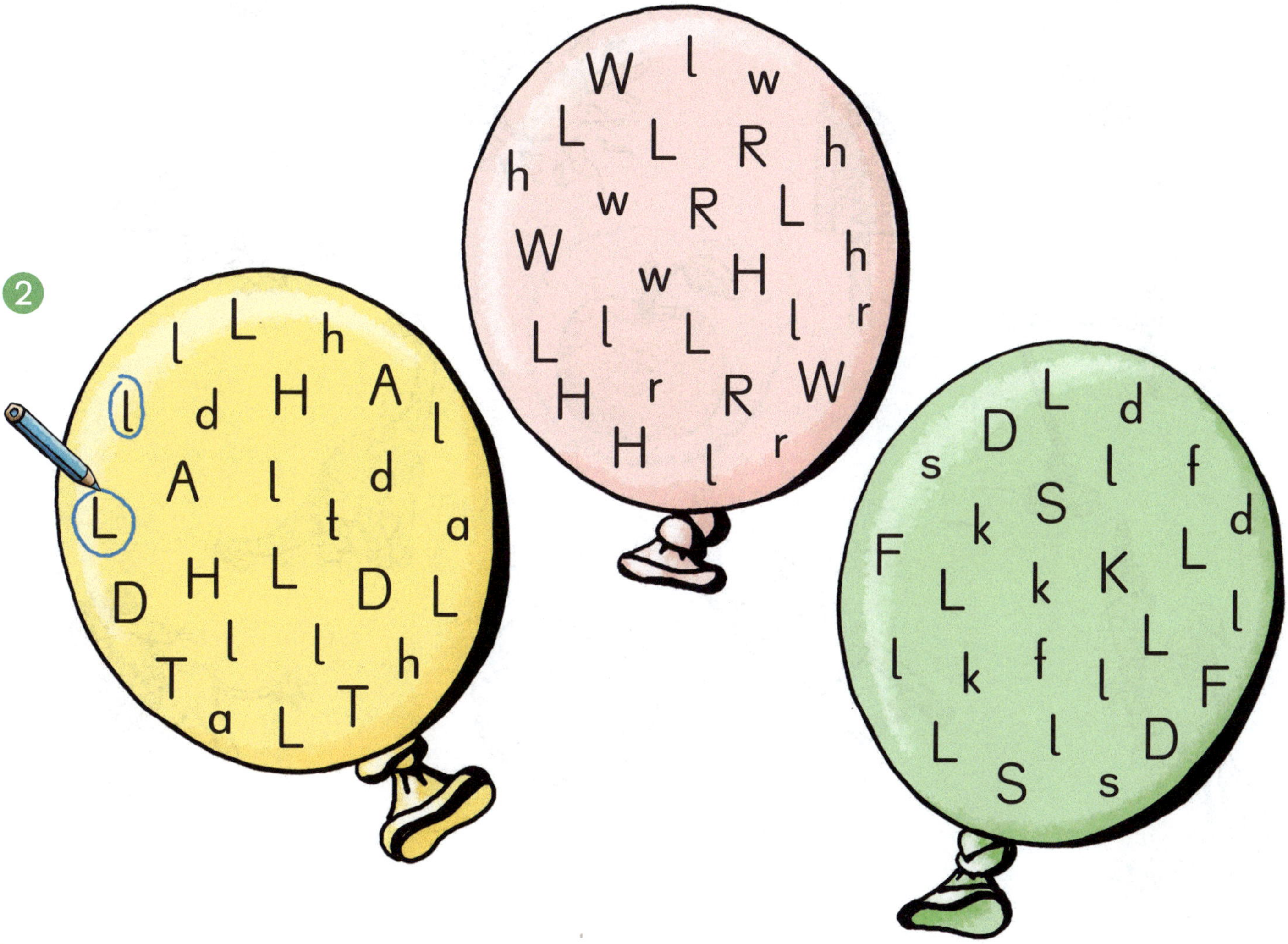

Felder mit L/l ausmalen; L/l einkreisen

L l

1

6

Bildwörter mit dem L/l-Laut einkreisen (Anlaut, Auslaut)

1

| L | | |

| | | l |

Stellung des L/l-Lautes abhören (Anlaut, Auslaut)

L l

1

Reimwörter verbinden

L l

1

Silbenbögen einzeichnen

1

2

10

O/o nachspuren und schreiben

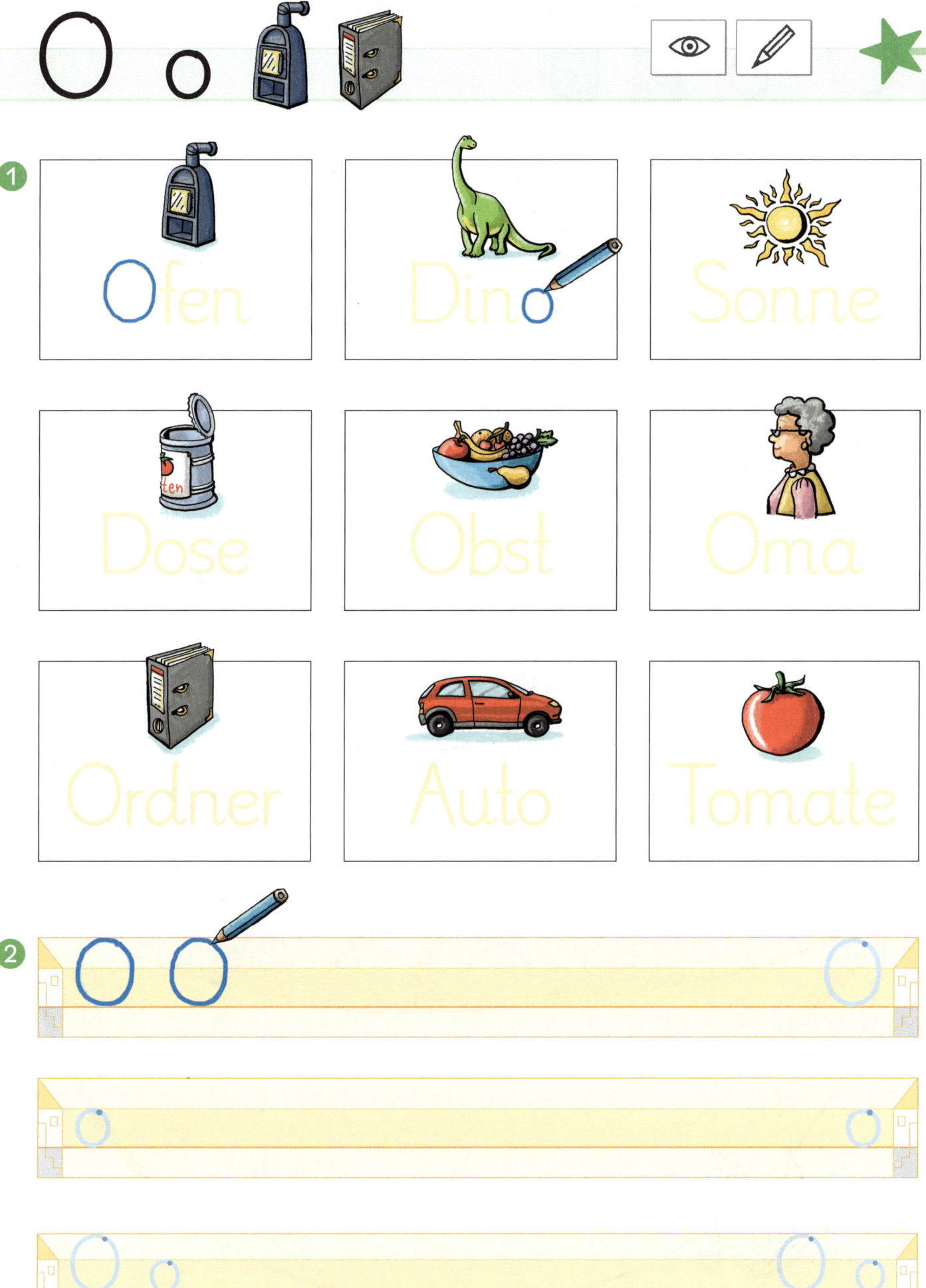

O o

1

Ofen

Dino

Sonne

Dose

Obst

Oma

Ordner

Auto

Tomate

2

O/o im Wort nachspuren; O/o schreiben

11

1

```
T    m         O         o         O
     o         m         b
t    t    o    O    r    S              T    t
R    o         B         M              t    r
     O         o    B         s
         O         B         S    B
r    O    o    O    T         R    b
s    t              s    M         R    M
```

2

```
O
O    o    b              h    s    O
     f    o    S    B    S         B
B    o    B    O    F    o    O    U    H
     S    H    S    h    h    U    o
     o         O    o
     s    O
```

Felder mit O/o ausmalen; O/o einkreisen

1

2

Bildwörter mit dem O/o-Laut einkreisen (Langvokal, Kurzvokal)

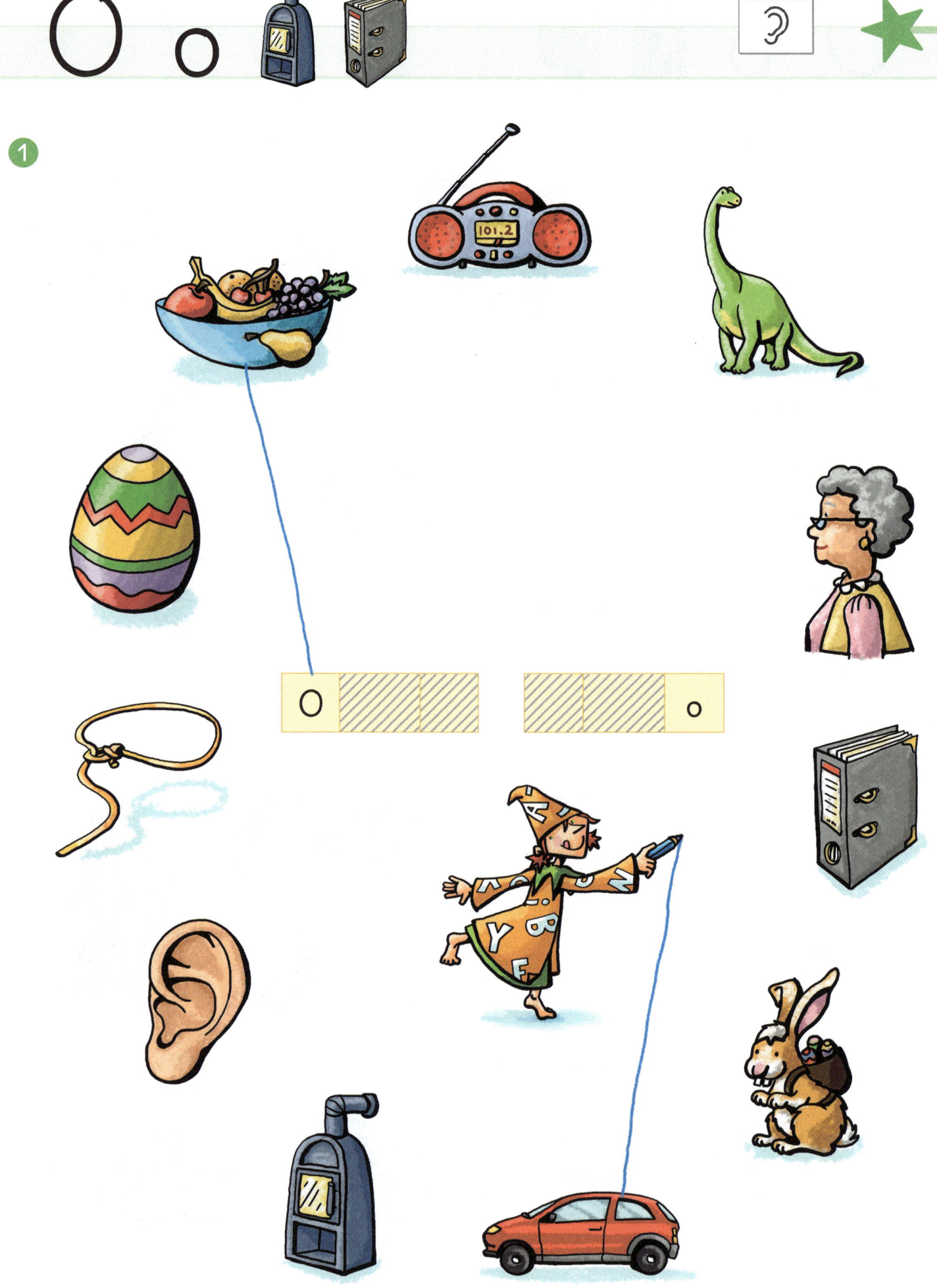
1

14 Stellung des O/o-Lautes abhören (Anlaut, Auslaut)

1

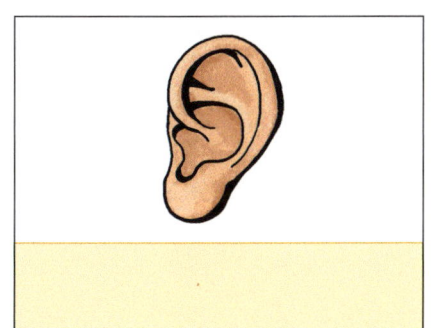

Silbenbögen einzeichnen

A a

1

A

A A A A

A A A a

A A A A a

A A a a

A A a a a

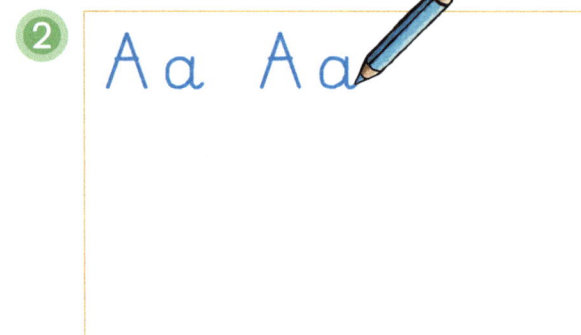

a

a a a a

2

A a   A a

A/a nachspuren und schreiben

A a

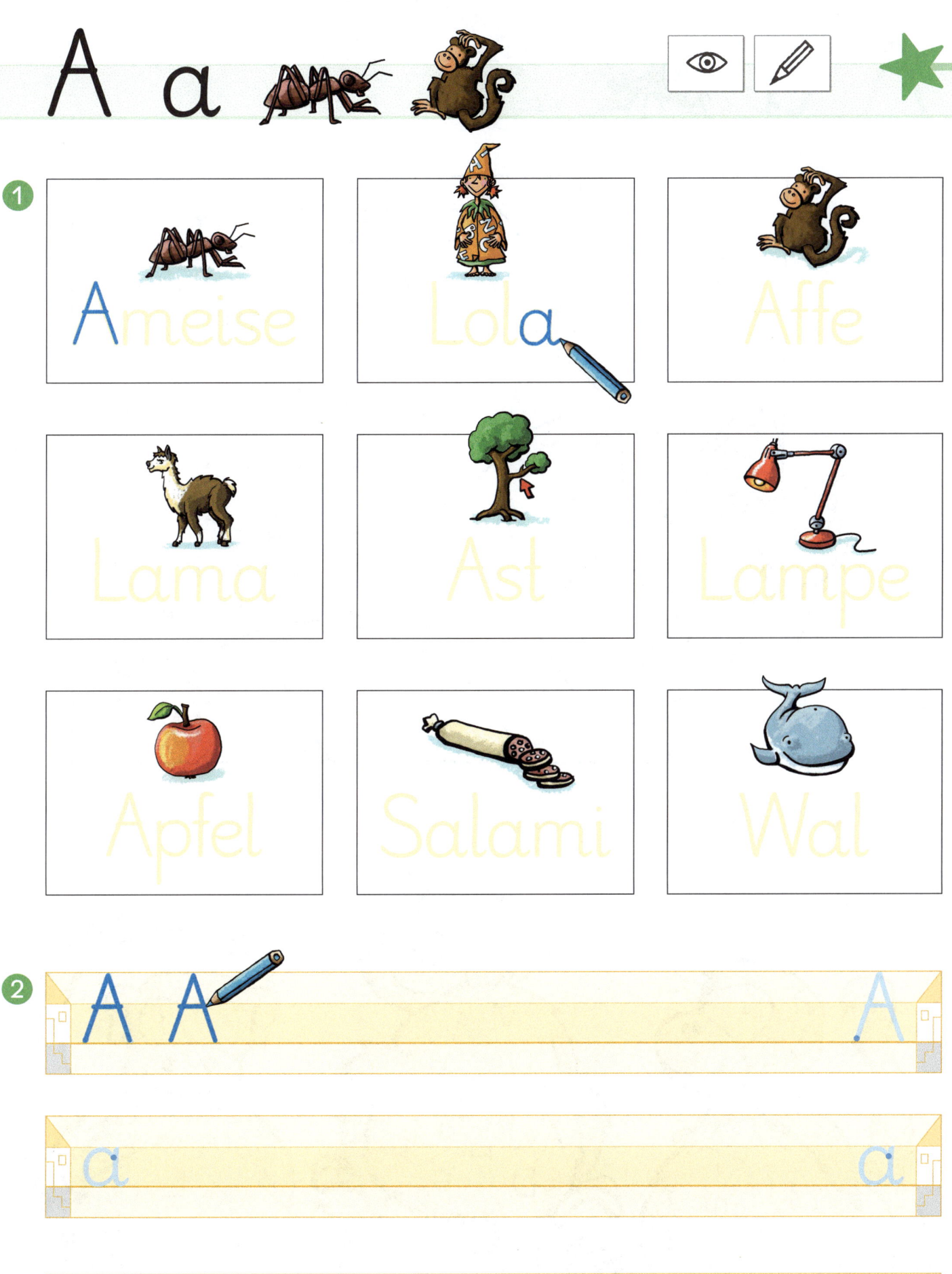

1

Ameise	Lola	Affe
Lama	Ast	Lampe
Apfel	Salami	Wal

2

A A   A

a   a

A a   A a

A/a im Wort nachspuren; A/a schreiben

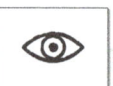

1

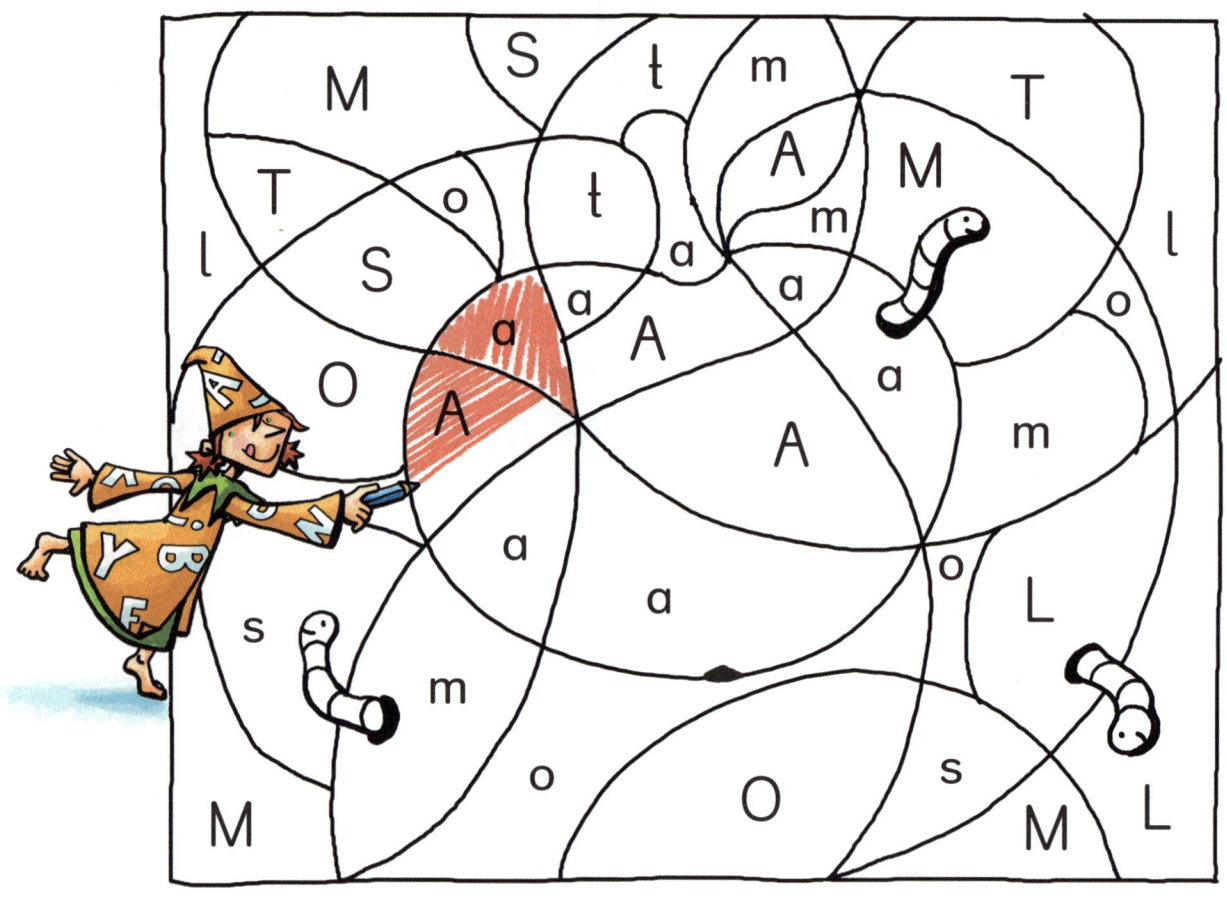

2

Felder mit A/a ausmalen; A/a einkreisen

A a

1

2

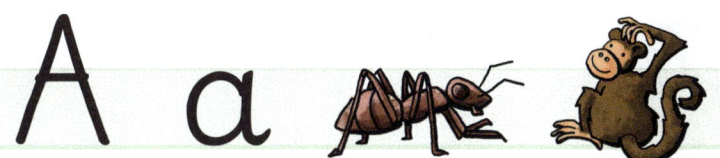

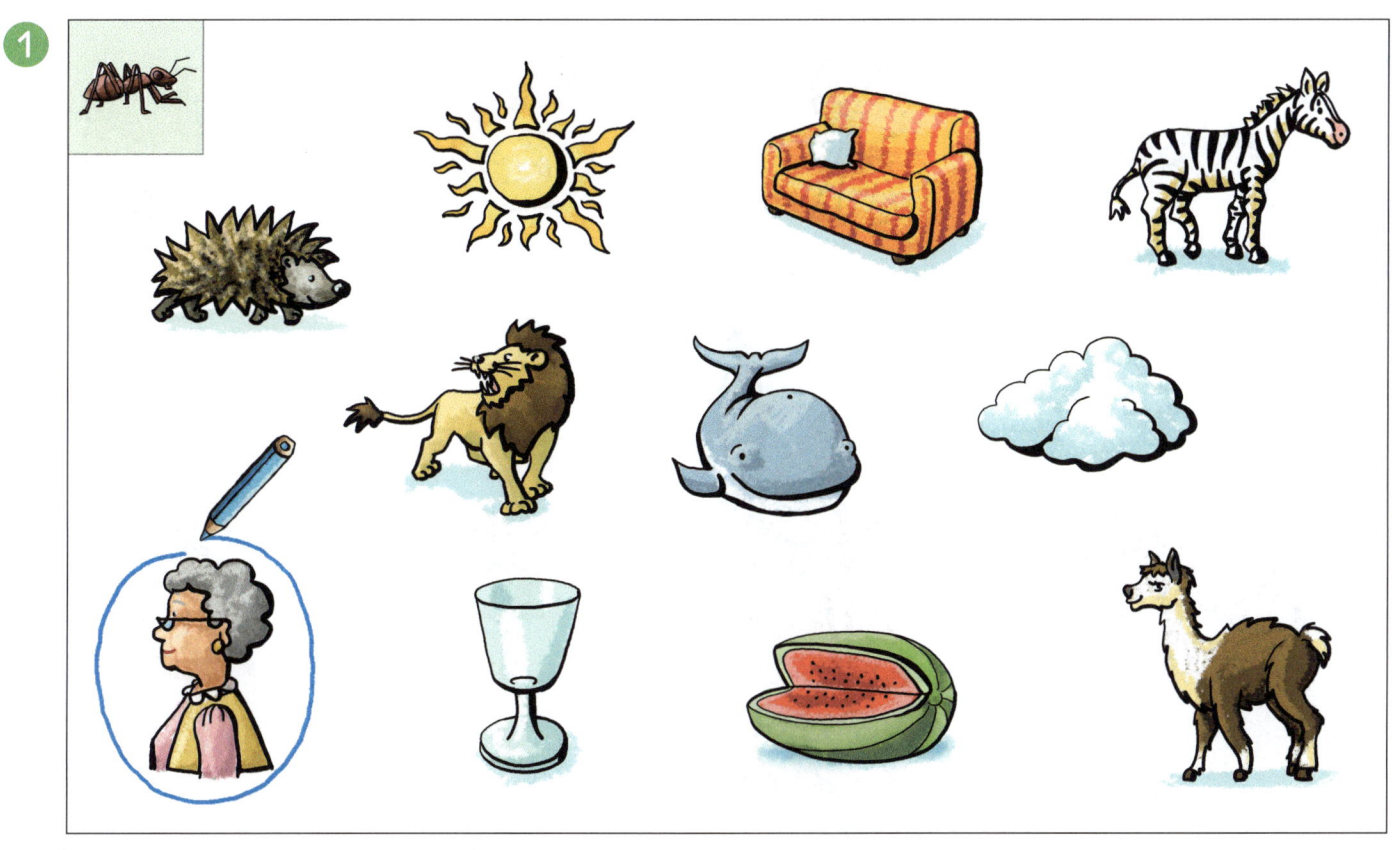

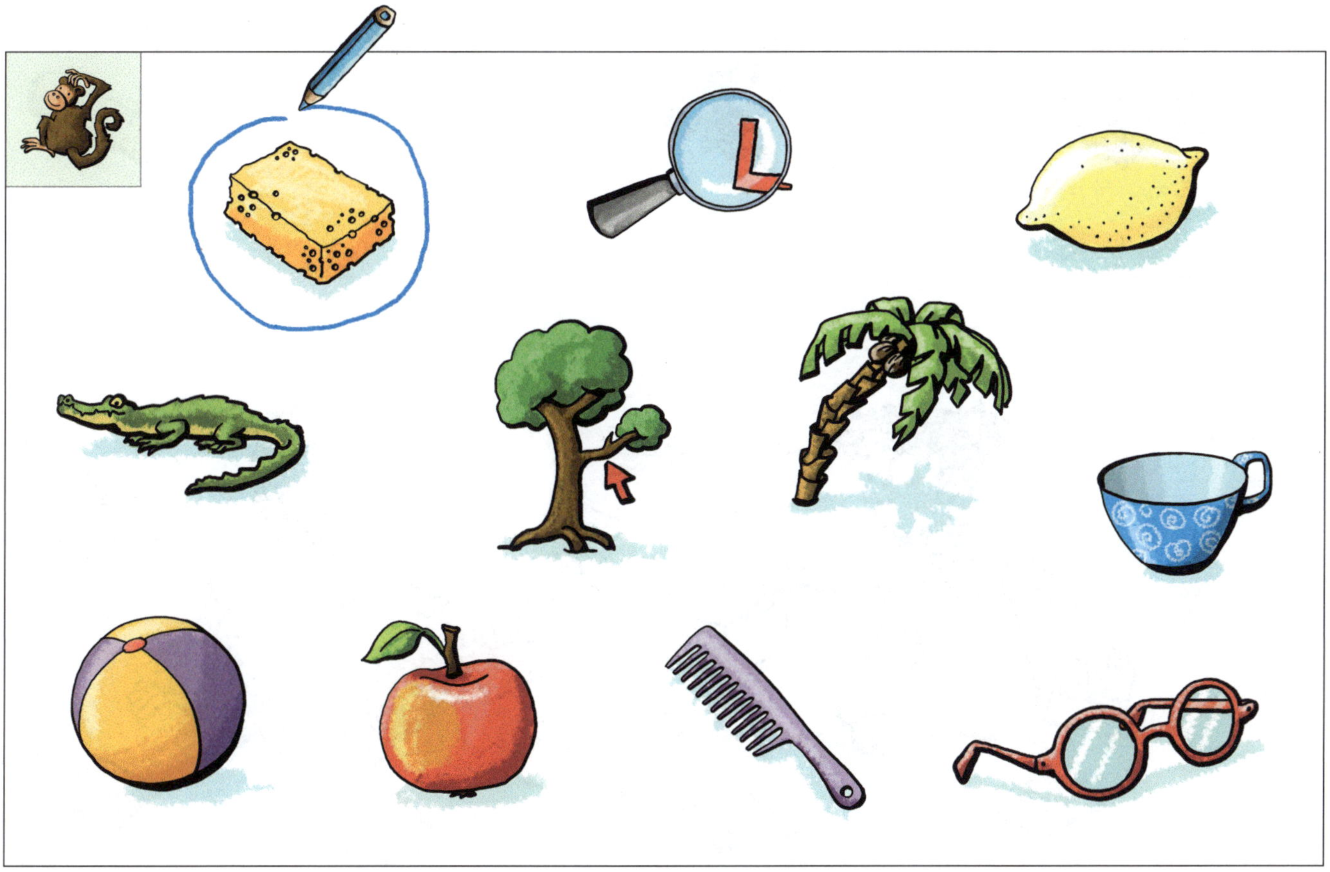

Bildwörter mit dem A/a-Laut einkreisen (Langvokal, Kurzvokal)

A a

1

A

a

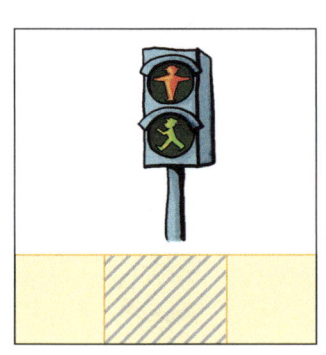

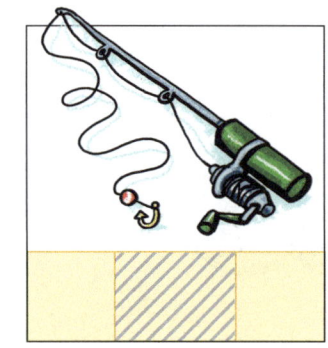

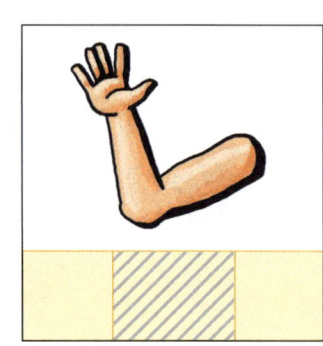

Stellung des A/a-Lautes abhören und notieren (Anlaut, Auslaut)

A a

1

2

Silbenbögen einzeichnen; Reimwörter verbinden

M m

1

2 Mm Mm

M m

1

Mama

Oma

Mund

Mond

Kamm

Maus

Ameise

Melone

Tomate

2

M M M

m m

M m M m

M/m im Wort nachspuren; M/m schreiben

1

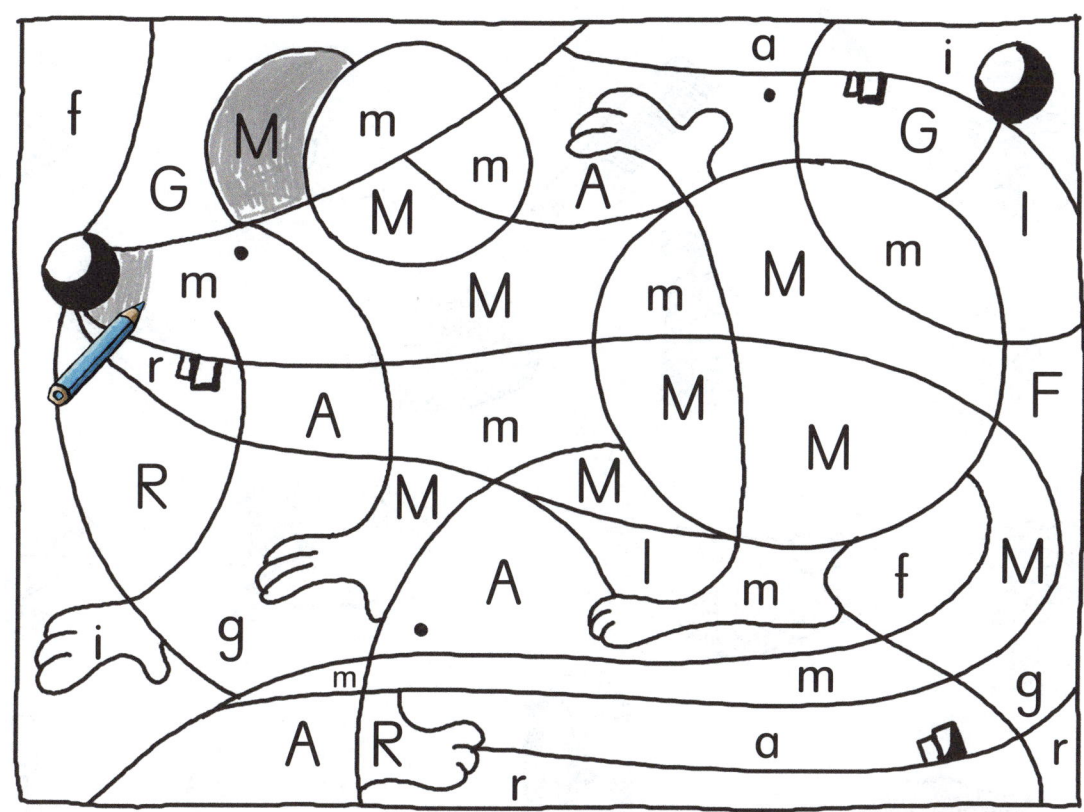

2

Felder mit M/m ausmalen; M/m einkreisen

25

M m

1

2

Bildwörter mit dem M/m-Laut einkreisen (Anlaut, Auslaut);
Stellung des M/m-Lautes abhören und notieren (Anlaut, Auslaut)

M m

1

2

M m

1 Mm M

Mm

Mama

Mama

Oma

Oma

Lama

Lama

Lola

Lola

mal

mal

am

am

2

Mama Mama Mama Mama

Oma Oma Oma Oma Oma Oma

Lama Lama Lama Lama Lama

Lola Lola ...

    Buchstaben und Wörter nachspuren und abschreiben

M m

1

O M A   Oma

2

Ma	
Mo	ma

Ma

La	
Lo	la

Lo	
La	ma

 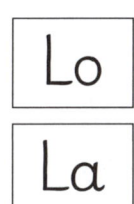  

Anlautbilder verschriften, Wort und Bild verbinden;
Silben verbinden

M m

 1

 Mama am  ⊗

Lola am  ○

 Mama am  ○

Oma am ○

 Oma am  ○

Lola am ○

 Lola am ○

Lama am ○

 Lola am ○

Lama am ○

 2

  Lola

passende Sätze ankreuzen; Bildwörter verschriften

I i

Imo

Limo

Igel

Birne

Zitrone

Lineal

Insel

Dino

Tiger

I/i im Wort nachspuren; I/i schreiben

I i

1

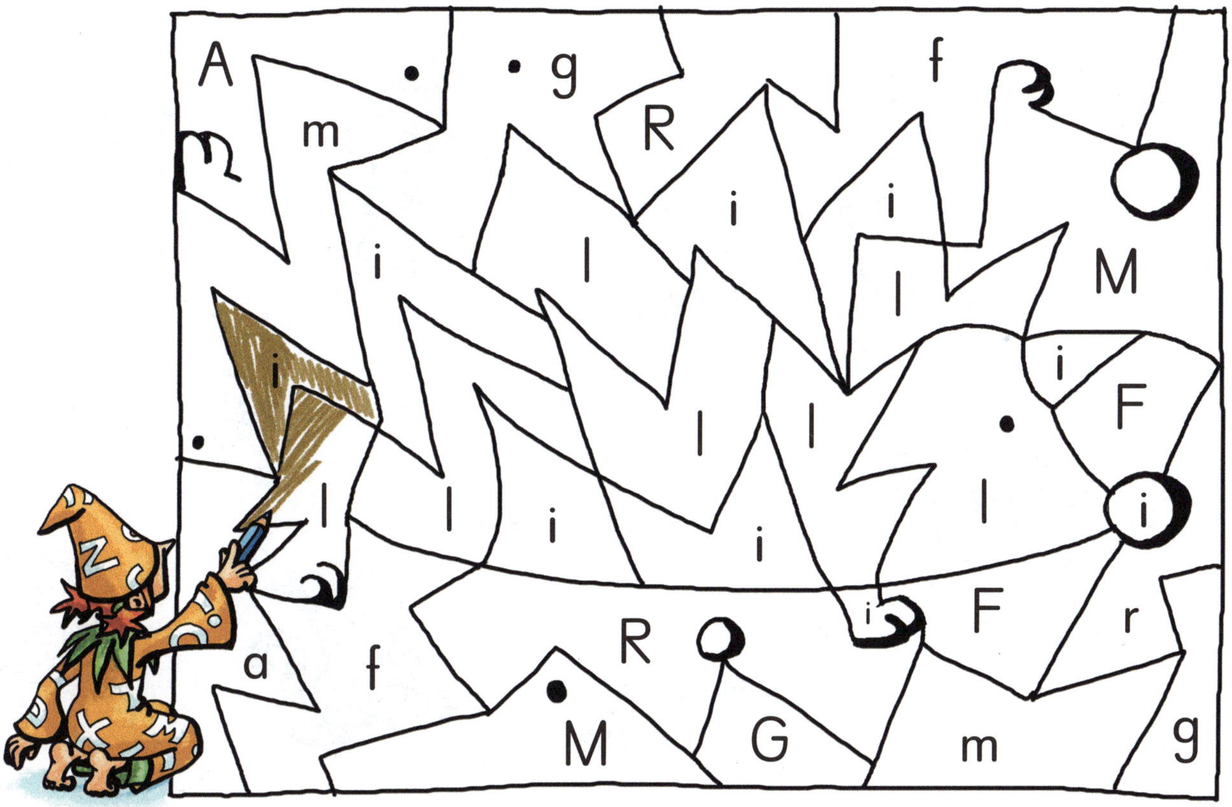

A g f
m R
i i
i l l M
i i F
l l
l l l l i i
i
a f R i F r
M G m g

2

l z Z S
i Z i l
s s
o O i O
l l i l
S i Z o l
P N W l
l i l i
N W l n l P
P i n i W i
w i n l w
T l i g
G f l
l t i T G
f i
i l F
F t F g
G i l f

1

2

Bildwörter mit dem I/i-Laut einkreisen (Langvokal, Kurzvokal)

1

l

Stellung des I/i-Lautes abhören und notieren (Anlaut, Inlaut, Auslaut)

35

1

2

1

l i l   l i

Mami   Mami

Omi   Omi

 Imo   Imo

Limo   Limo

lila   lila

im   im

2

Mami Mami Mami Mami Mami
Omi Omi Omi Omi Omi Omi Omi
Imo Imo Imo Imo Imo Imo Imo Imo
Limo ...

Buchstaben und Wörter nachspuren und abschreiben

1

M			

2

M a m i

L _ m o

_ _ m o

l i _ l a

O _ i

_ o l a

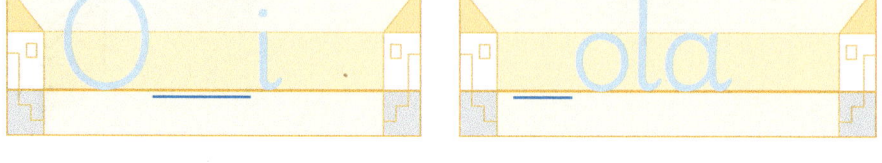

Anlautbilder verschriften, Wort und Bild verbinden;
fehlende Buchstaben ergänzen

38

1

Imo im  ◯

Imo am ◯

Lola am lila  ◯

Mami im lila ◯

Omi im  ◯

Omi am ◯

lila Limo am ◯

lila Limo im ◯

2

 Omi

S s

1

2

S/s nachspuren und schreiben

S s

Salami

Lisa

Sonne

Hase

Maus

Ameise

Pinsel

Sofa

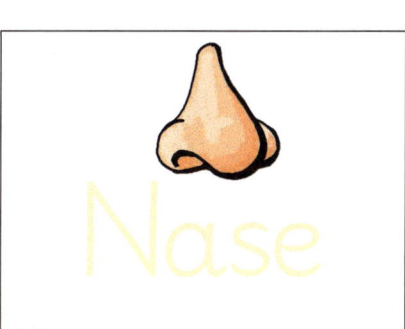
Nase

S/s im Wort nachspuren; S/s schreiben

 1

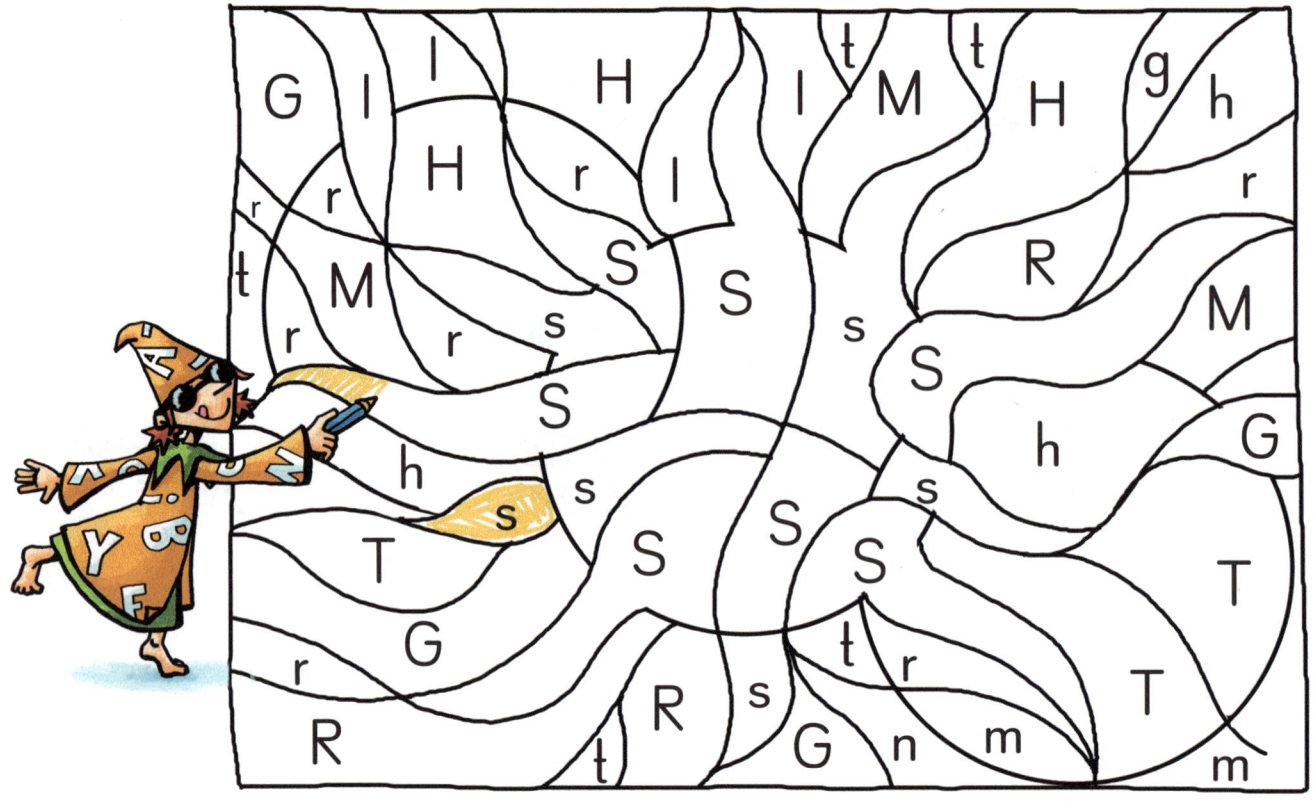

2

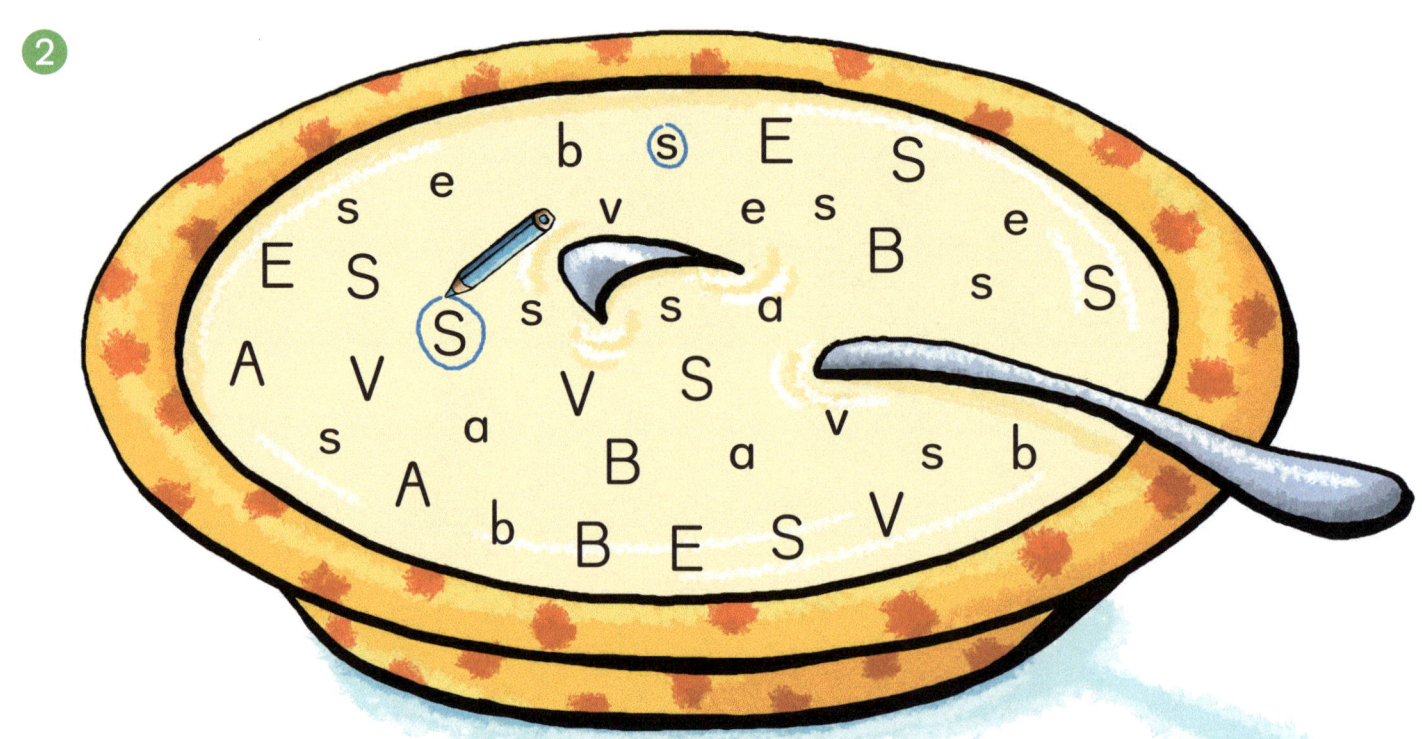

Felder mit S/s ausmalen; S/s einkreisen

1

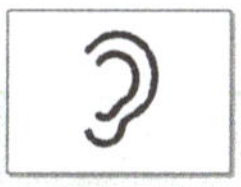

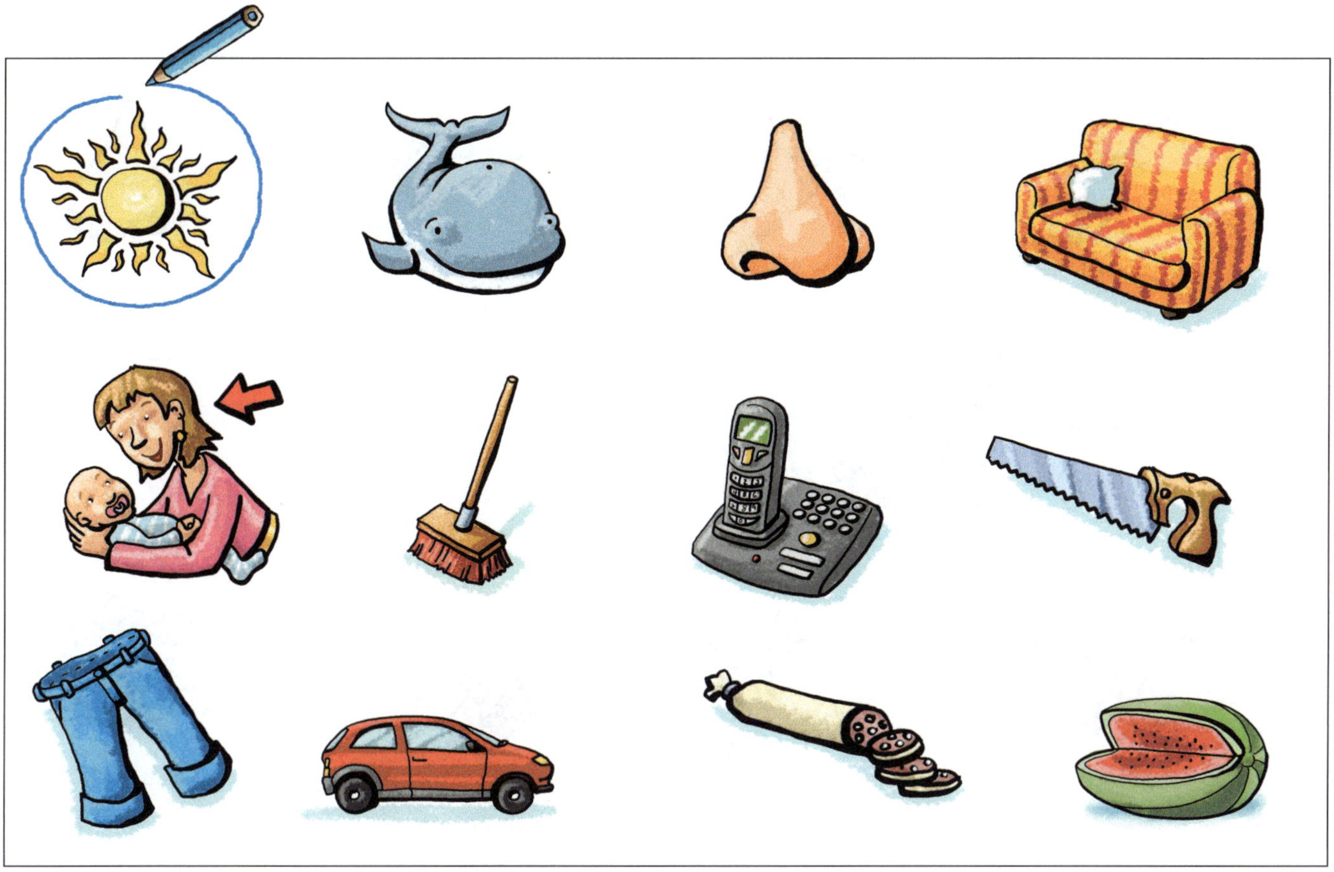

2

Bildwörter mit dem S/s-Laut einkreisen (stimmhaft, stimmlos)

S s

1

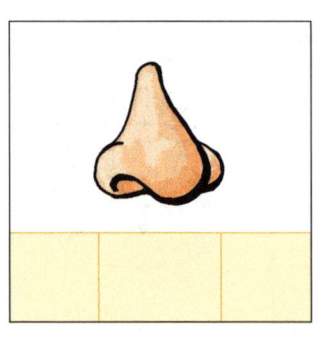

2

Stellung des S/s-Lautes abhören und notieren (Anlaut, Inlaut, Auslaut);
Silbenbögen einzeichnen

S s

1

S s S   S s

Salami   Salami

Lisa   Lisa

soll   soll

also   also

als   als

so   so

2

Salami Salami Salami Salami
Lisa Lisa Lisa Lisa Lisa Lisa Lisa
soll soll soll soll soll soll soll soll
also ...

Lola

Buchstaben und Wörter nachspuren und abschreiben   45

S s

1

2

Ma		
Li	sa	
Mi		

Si		
La	mo	
Li		

So	la	
Sa	lo	mi
Sa	li	

Anlautbilder verschriften, Wort und Bild verbinden; Silben verbinden

S s

1

Omi im  ○

Lisa im ○

Imo im lila ○

Mama im lila ○

Oma im ○

Oma am ○

2

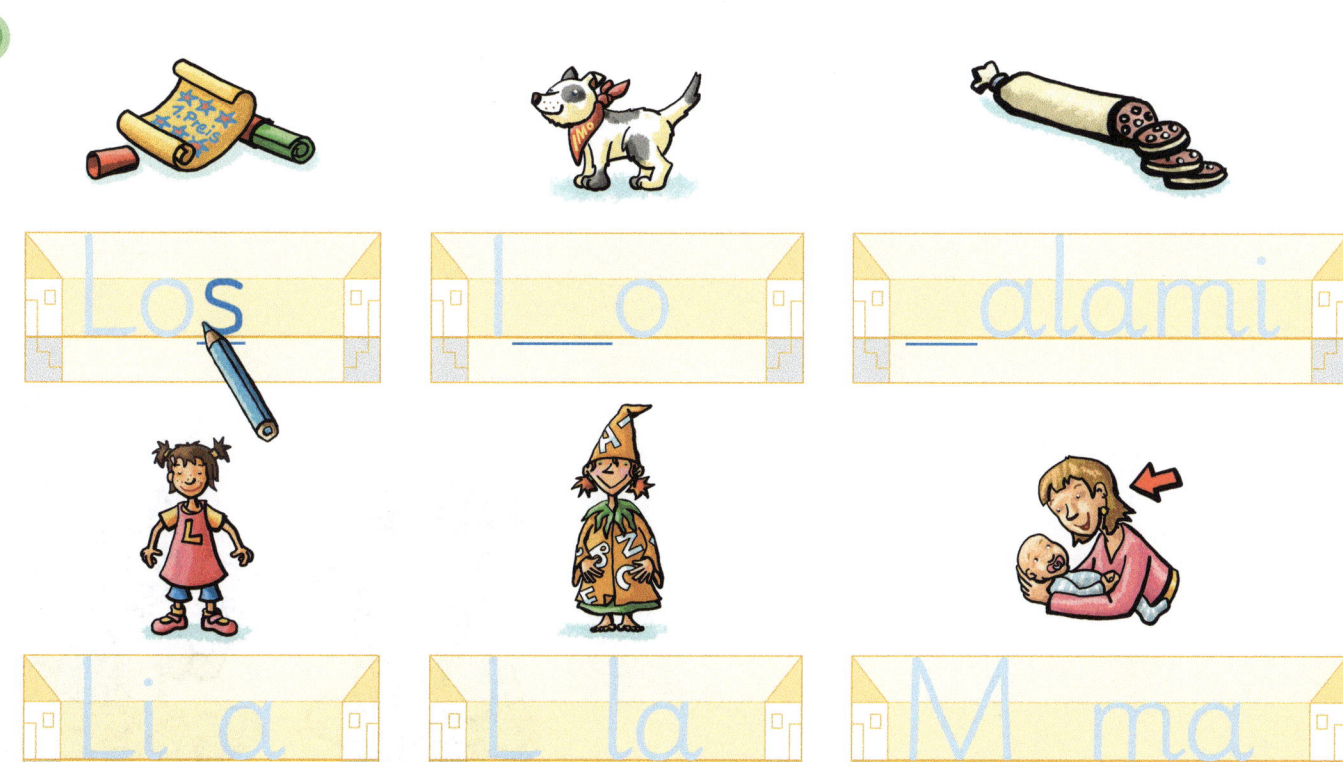

Los

I__o__

__alami

Li__a

L__la

M__ma

passende Sätze ankreuzen; fehlende Buchstaben ergänzen

47

T t

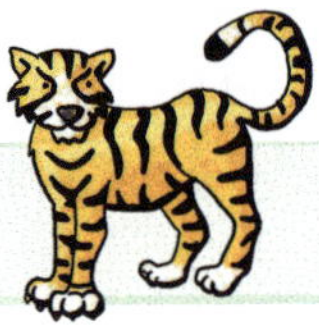

1

→2   1↓

1↓

→2

2

Tt Tt

T

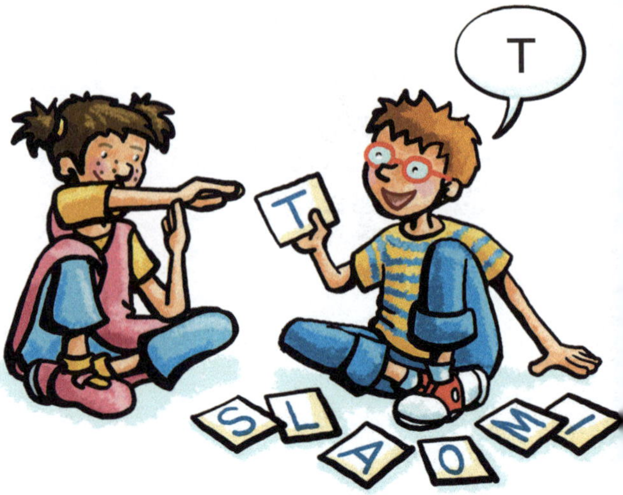

T/t nachspuren und schreiben

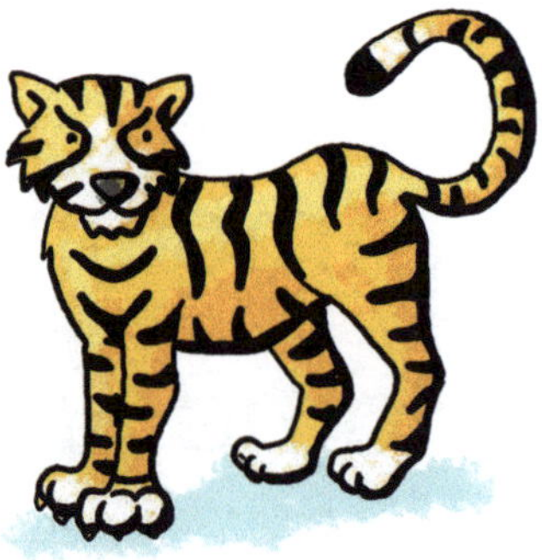

T t

 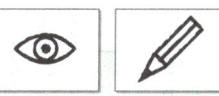 

1

Tal

Salat

Ast

Mantel

Tomate

Auto

Brot

Telefon

Tim

2

T

t

T t

T t

1

2

Felder mit T/t ausmalen; T/t einkreisen

T t

1

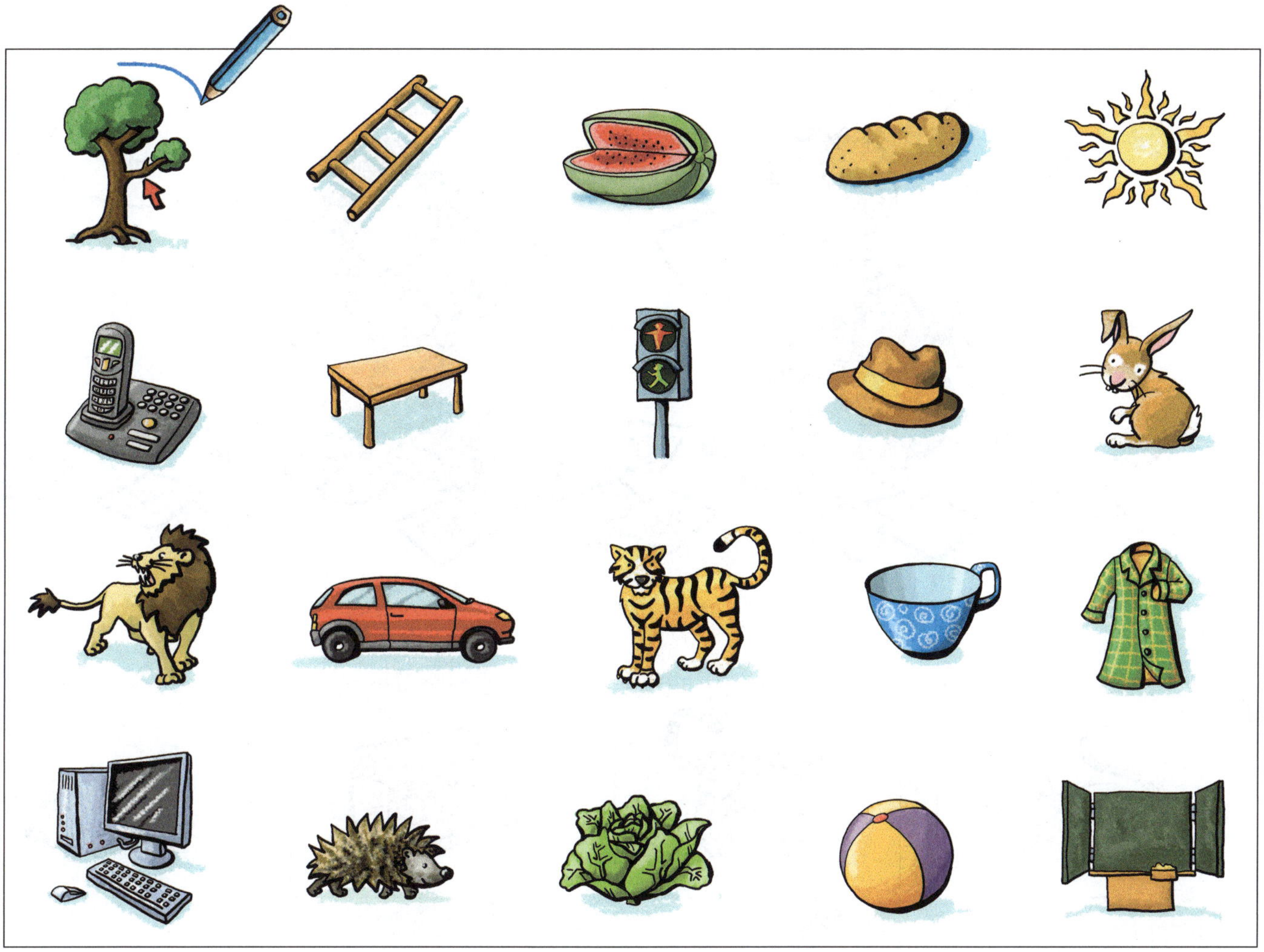

2

Bildwörter mit dem T/t-Laut einkreisen (Anlaut, Inlaut, Auslaut);
Stellung des T/t-Lautes abhören und notieren (Anlaut, Inlaut, Auslaut)

T t

1

M

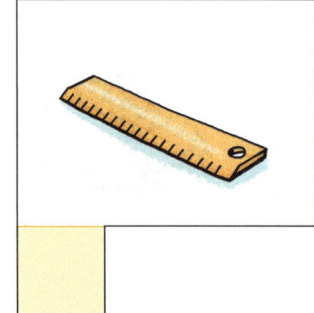

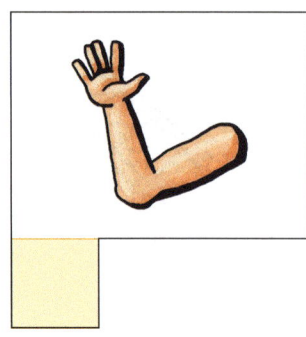

Anlaute L, O, A, M, I, S und T heraushören und notieren

1

2

Limo

Mist

Salami

Ast

Salat

Tal

Silbenbögen einzeichnen

53

T t

1

T t T

Tt

Tal

Tal

Salat

Salat

Ast

Ast

mit

mit

ist

ist

alt

alt

2

Tal Tal Tal Tal Tal Tal Tal Tal Tal

Salat Salat Salat Salat Salat Salat

Ast Ast Ast Ast Ast Ast Ast Ast

mit ...

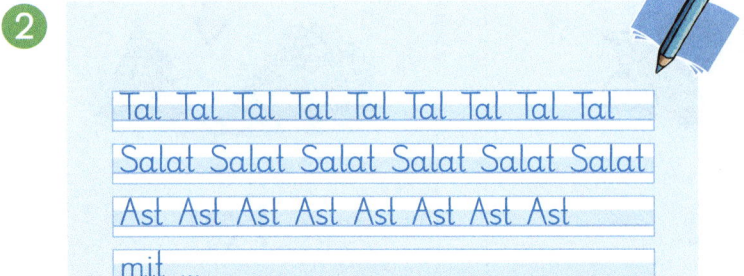

Buchstaben und Wörter nachspuren und abschreiben

1

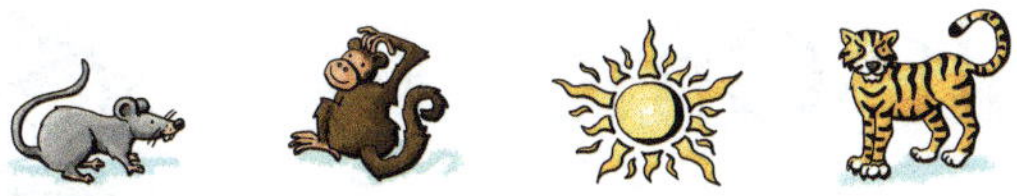

M			

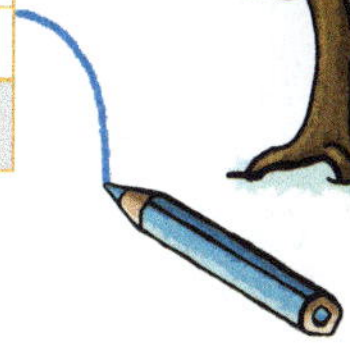

2

im		Sa_ami		al

As		Sal_t		Mis

Anlautbilder verschriften, Wort und Bild verbinden;
fehlende Buchstaben ergänzen

55

T t

1

Lisa malt Oma. ○

Lisa malt Mama. ○

Tim ist mit Imo im Tal. ○

Tim ist mit Mama im Tal. ○

Lola ist alt. ○

Tim ist toll. ○

Tim isst Salami. ○

Tim isst Salat. ○

2

 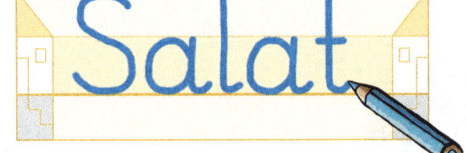 Salat

passende Sätze ankreuzen; Bildwörter verschriften

Inhaltsverzeichnis

nachspuren,
schreiben, malen

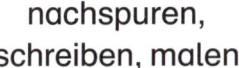

erkennen

hören

lesen

Feld zum Markieren erledigter Aufgaben ☒

E e

1

E

e

2

E e E e

E/e nachspuren und schreiben

3

E e

1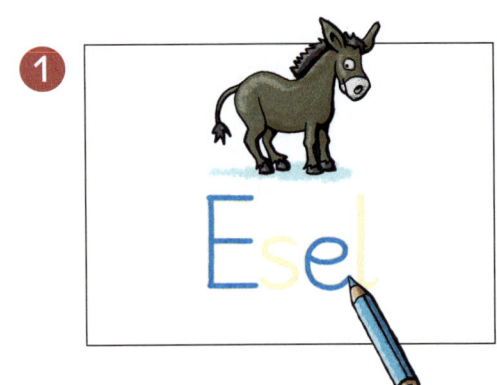

Esel   Tomate   Ente

Taste   Amsel   Liste

Sessel   Elefant   Tee

2

E

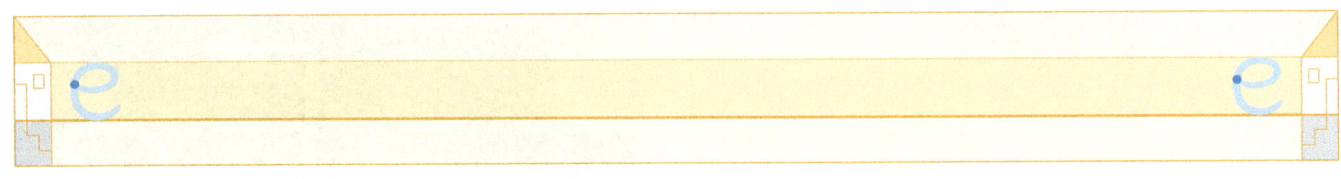

e

E e

E/e im Wort nachspuren;
E/e schreiben

E e

 ①

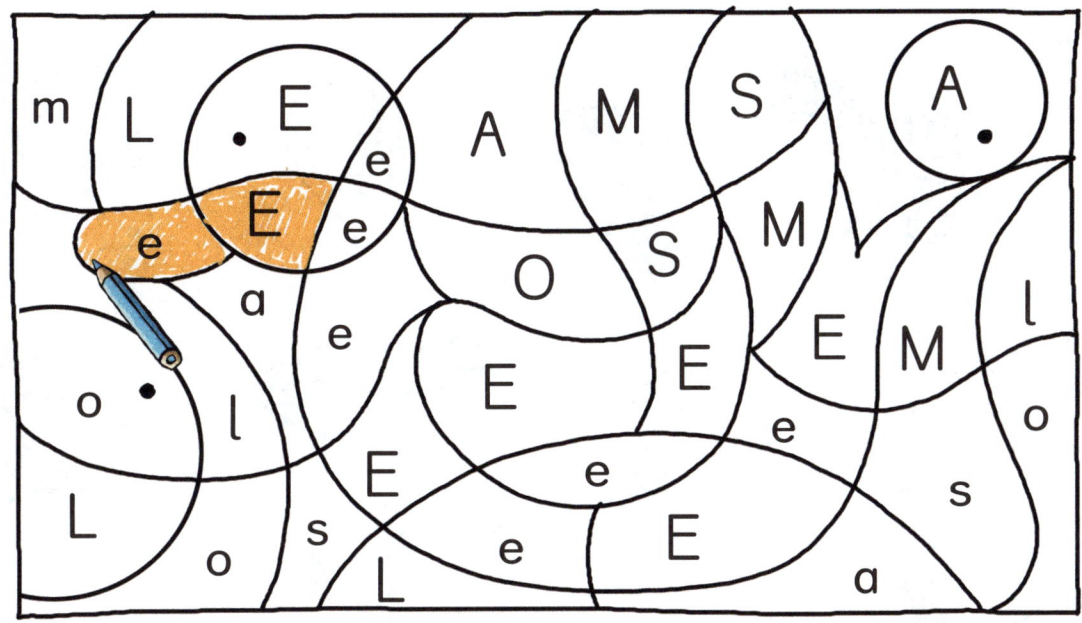

②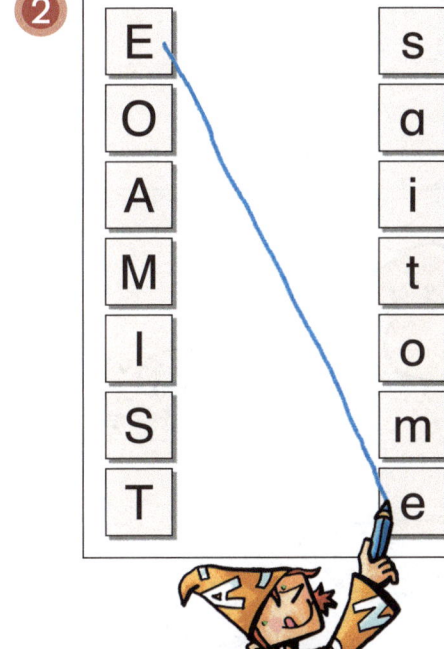

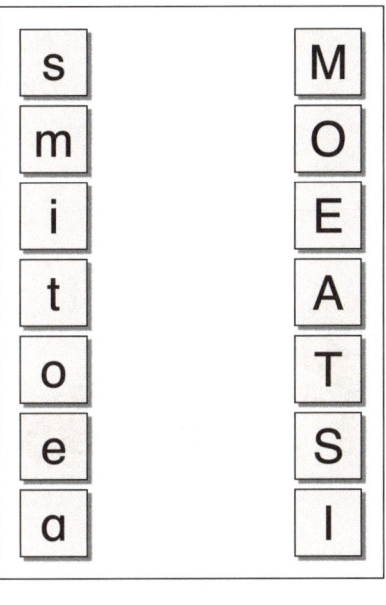

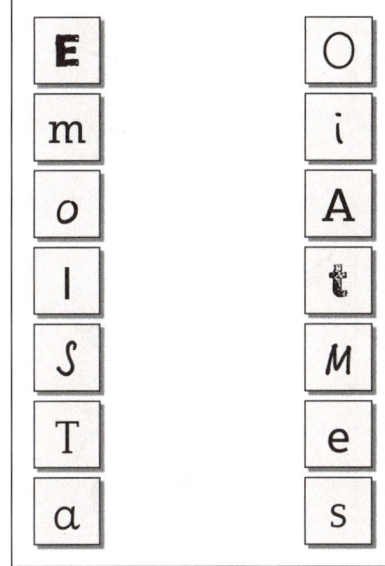

Felder mit E/e ausmalen;
Groß- und Kleinbuchstaben verbinden

5

E e

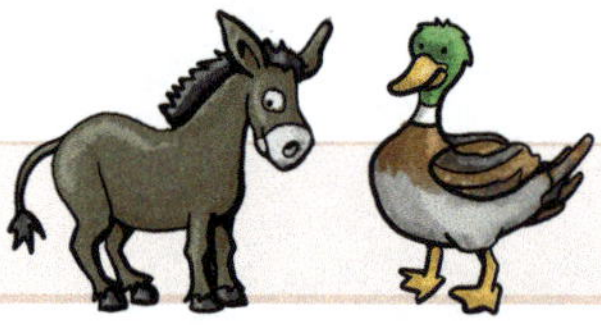

1

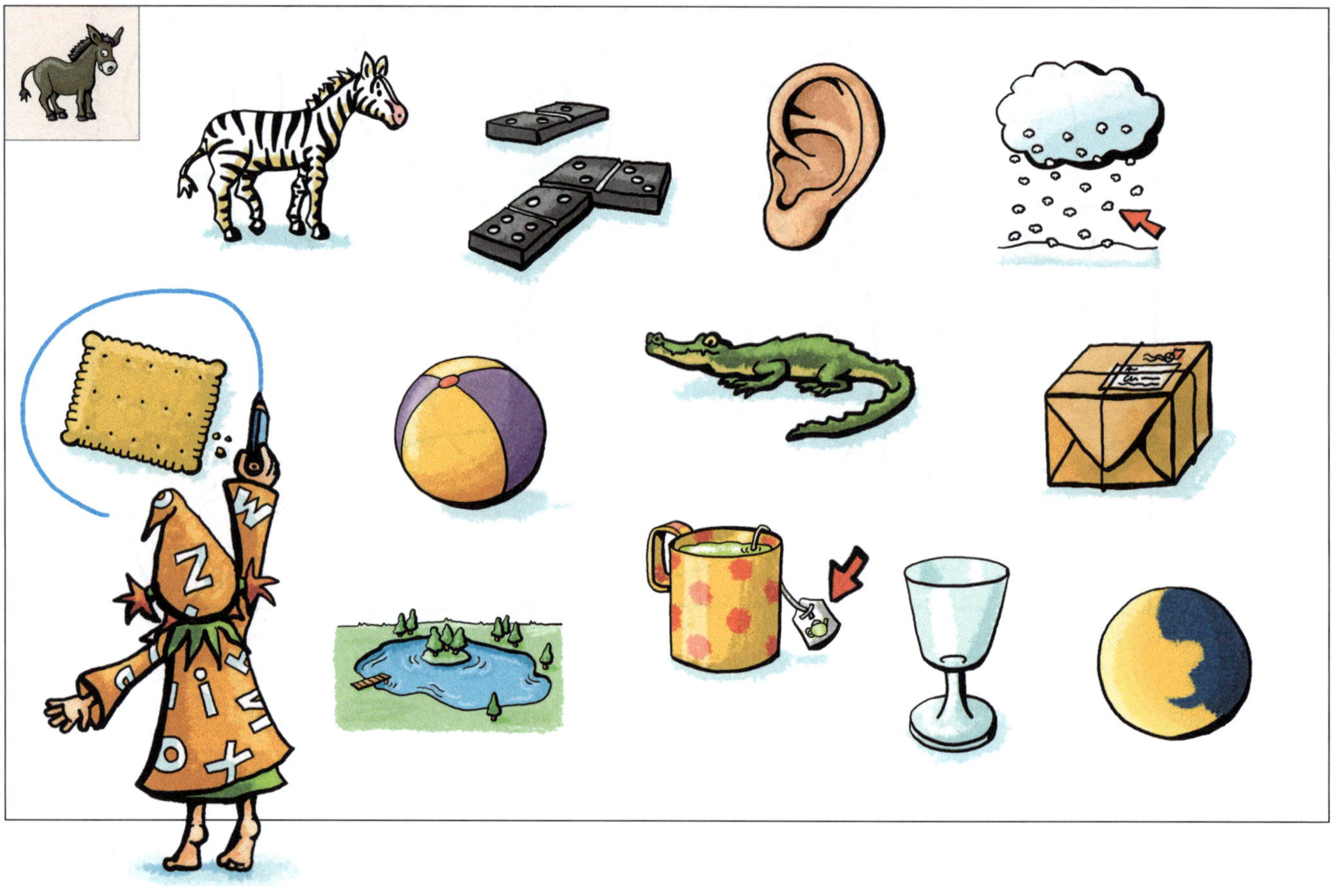

2

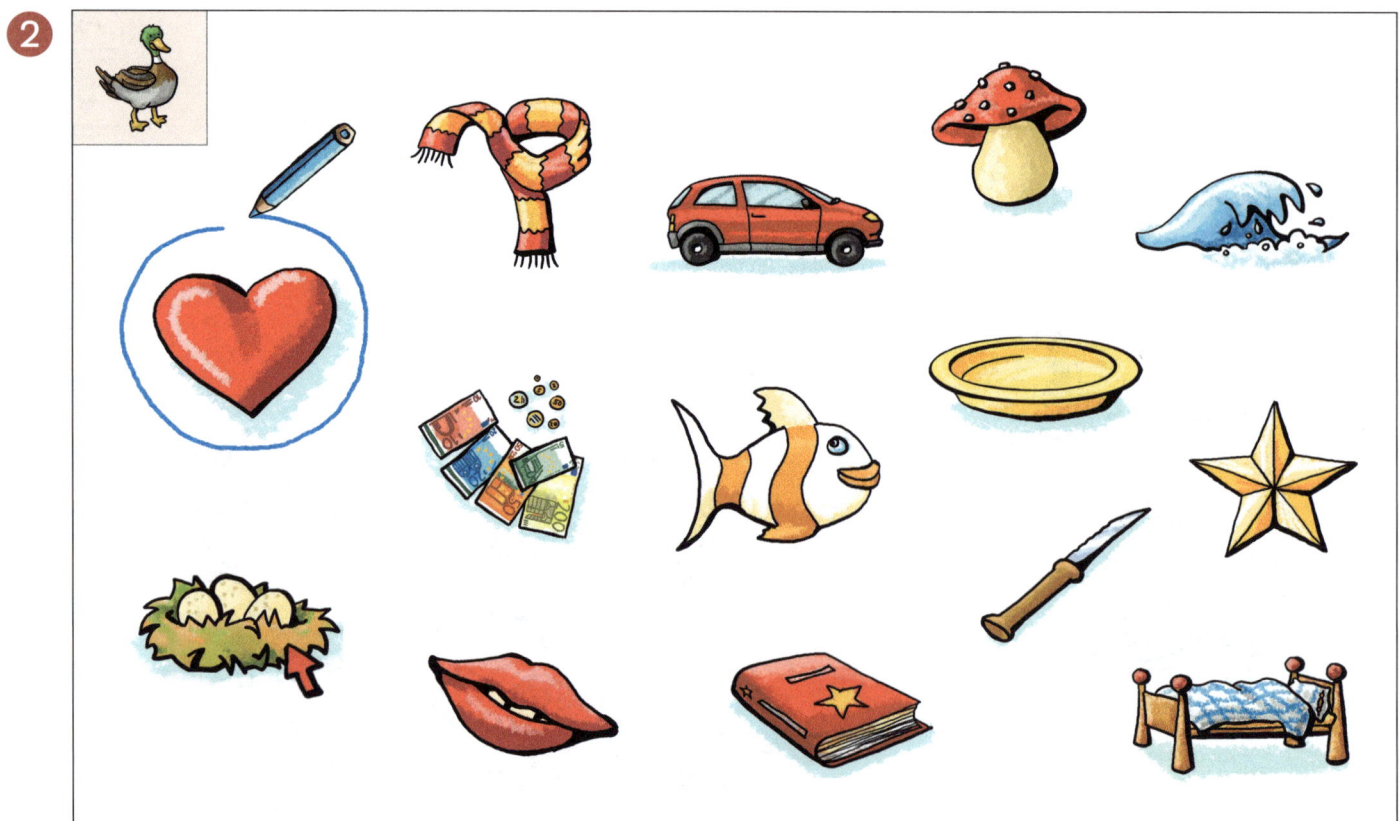

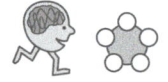

Bildwörter mit dem E/e-Laut einkreisen (Langvokal, Kurzvokal)

E e

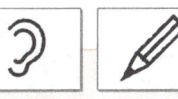 

1

| E | e | |

2

| | | e |

E e

1

2

Taste

Salat

Tomate

Amsel

Liste

See

3

Silbenbögen einzeichnen;
Reimwörter verbinden

E e

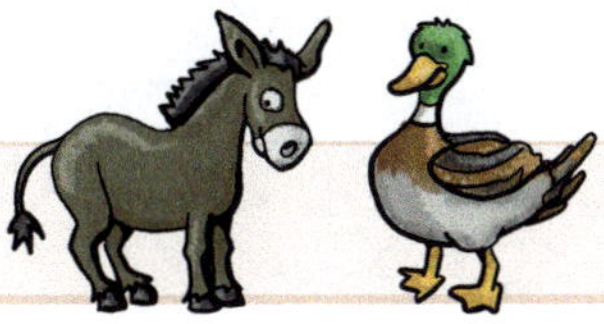

1

E e

Esel

Liste

Tee

Tasse

alle

es

2

Esel Esel Esel Esel Esel Esel

Liste Liste Liste Liste Liste Liste

Tee Tee Tee Tee Tee Tee Tee

Tasse ...

Das E
ist toll!

1

Am Ende -el!

Amsel

Amsel _____   Sess _____

Ins _____   Es _____   Satt _____

2

Tim malt Oma mit Imo.

Tim malt mit Oma Imo.   ○

Oma sammelt alte Tassen.   ○

Oma sammelt alle Esel.   ○

Lisa ist im Sessel.   ○

Lisa ist im See.   ○

Endung -el ergänzen;
passende Sätze ankreuzen

E e

1 Tim malt

Tim malt Lisa.

Tim malt Lisa im Sessel.

Tim malt Lisa im Sessel am See.

Tim malt Lisa im Sessel am See. Toll!

Male mit Tim!

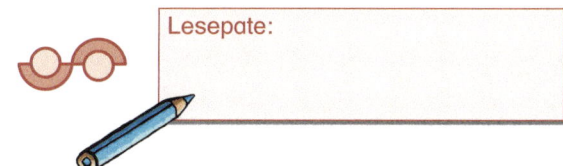

Lesepate:

2

Esel

Tomate

3

Text lesen, passende Bilder malen;
eigene Wörter/Sätze schreiben und dazu malen

11

N n

1

2

3

12

N/n nachspuren;
N/n schreiben; eigene Wörter mit N/n schreiben

1

X x E X l T i t
x E e l i T e
l e N T e
n n N N l
i n n n N e e
t n N n N n e n
n N n n n N n x x
N T N l n t x
l E i x e X l

2

in   Sonne   Mann   essen
lesen   malen   Nase   Tanne
Nest   Ananas   Name   Mantel   an
Monat   Tante   Ente

N

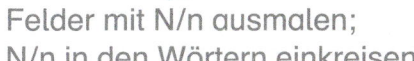

N n

1

2

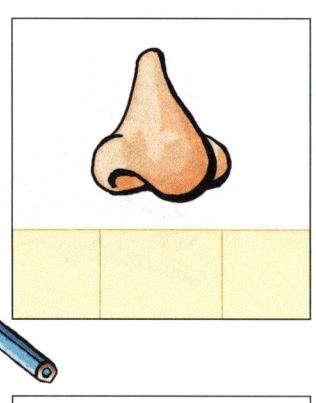

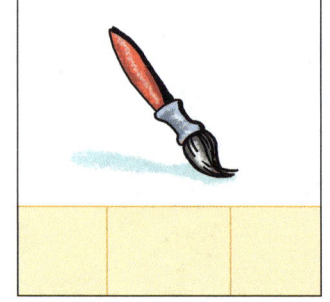

Bildwörter mit dem N/n-Laut einkreisen (Anlaut, Inlaut, Auslaut);
Stellung des N/n-Lautes abhören (Anlaut, Inlaut, Auslaut)

1

Ente

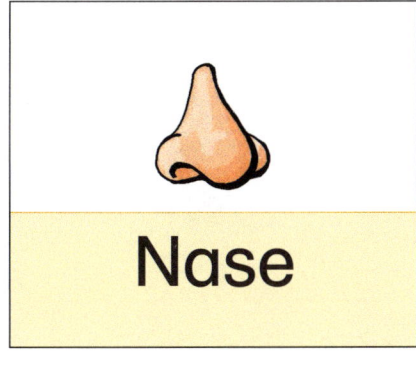

Nase

lesen

Nest

Melone

malen

2

Na | Man | Lis | sel | te | te

In | En | Ton | tel | ne | se

 Liste

 En

Silbenbögen einzeichnen;
Silben zusammensetzen

15

N n

1

N n   N n

Nase   Nase

Name   Name

Sonne   Sonne

lesen   lesen

malen   malen

an   an

2

Nase Nase Nase Nase Nase Nase

Name Name Name Name Name

Sonne Sonne Sonne Sonne Sonne

lesen ...

          Buchstaben und Wörter nachspuren und abschreiben

N n

1

Am Ende -en!

nisten ess _____ tasten

mess _____ mal _____ les _____

2

Alle lesen.

Oma nimmt Imo mit.

Amseln nisten im Nest.

Lisa ist total satt.

Tim ist nass.

Mama nimmt Ananas.

Endung -en ergänzen;
Sätze mit passenden Bildern verbinden

N n

1

Tonne ⚪   Tasse ⚪   Tante ⚪   essen ⚪

Nonne ⚪   Tanne ⚪   Tinte ⚪   testen ⚪

Sonne ✕   Tante ⚪   Ente ⚪   messen ⚪

2   ☐1   Nasim malt Tannen am See.

    ☐2   An Omas Nase ist Tinte.

    ☐3   Esel essen Salat.

    ☐4   Tante Annas Mantel ist lila.

passende Wörter ankreuzen;
Sätze zuordnen, Bilder vervollständigen

N n

1

tas	len 
ma	ten 
le	sen 

In	se 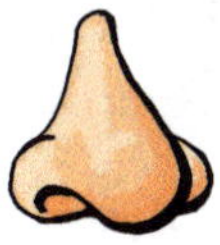
En	sel 
Na	te 

tas

2 Nasim malt Lisa an.

Lisa

N n

Liste mit allen Namen

1 Namen mit N:  Nina  _____

Namen mit T:  _____  _____

Namen mit A:  _____  _____

Namen mit L:  _____  _____

2 Namen mit ____: _____

Namen zuordnen und schreiben;
weitere Namen schreiben

D d

1

2

3

D/d nachspuren;
D/d schreiben; eigene Wörter mit D/d schreiben

D d

1

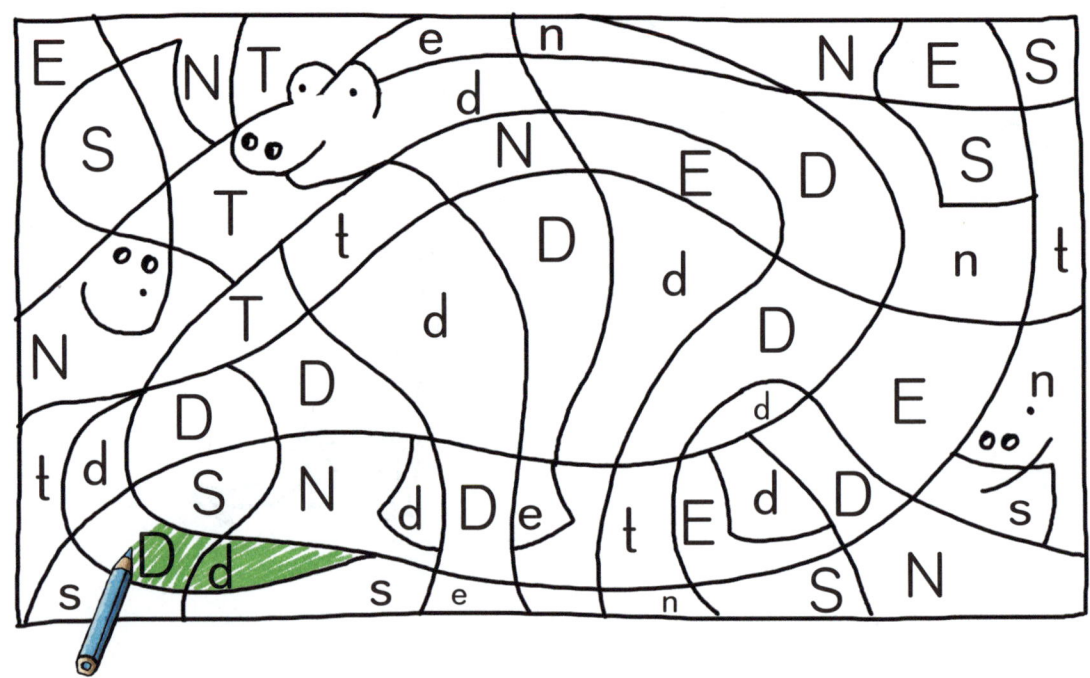

2

N	s
D	a
A	i
M	t
I	d
S	m
T	n

s	S
m	D
i	T
d	A
t	M
n	N
a	I

I	**N**
m	i
T	A
n	d
S	M
D	t
a	*s*

Felder mit D/d ausmalen;
Groß- und Kleinbuchstaben verbinden

D d

1
   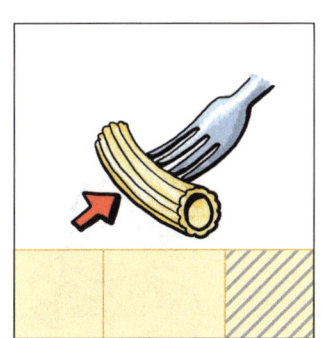

2

D			

Bildwörter mit dem D/d-Laut einkreisen (Anlaut, Inlaut);
Stellung des D/d-Lautes abhören (Anlaut, Inlaut)

23

D d

1

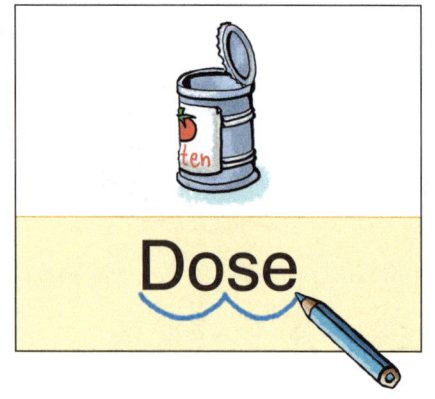

Dose

Mandel

Sand

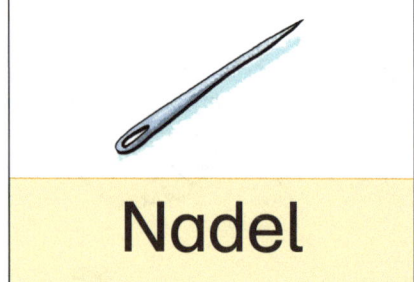

Nadel

Laden

Domino

Dino

Mond

Dame

2

Dose

Sand

Laden

Silbenbögen einzeichnen;
Reimwörter verbinden

D d

1

D d   D d

Dose   Dose

Laden   Laden

Ende   Ende

da   da

das   das

sind   sind

2

Dose Dose Dose Dose Dose Dose

Laden Laden Laden Laden Laden

Ende Ende Ende Ende Ende Ende

da ...

das

Buchstaben und Wörter nachspuren und abschreiben

25

D d

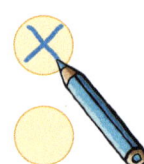

1

Am Ende -e!

Ende

Ende

Limonad___

Dos___

Dam___

Nam___

Dennis

2

In den Dosen sind Nadeln. ✕
In den Dosen ist Sand. ◯

Dinos landen im See. ◯
Enten landen im See. ◯

Mama soll Linsen essen. ◯
Mama soll Lisa messen. ◯

Tim tadelt Imo. ◯
Tim tastet Imo. ◯

26

fehlende Buchstaben ergänzen;
passende Sätze ankreuzen

D d

Tom, Dana…

Oma ist	alle Namen.
Lisa malt	den Mond.
Mami nimmt	im Laden.
Tim nennt	den Mantel.

Oma ist im Laden.

D d

1

Man
Na
→ del →

Mandel

Na

Do
Na
→ se →

Tan
Ton
→ ne →

2

Das sind Dosen.

Silben verbinden;
Satz schreiben

D d

❶ Im Laden

Mama ist mit Tim im Laden.

Mama nimmt Tomaten.

Es sind Tomaten in Dosen.

Mama nimmt Ananas.

Es sind Ananas in Dosen.

Mama nimmt Linsen.

Es sind Linsen in Dosen.

Tim nimmt Salami, Tee, Salat.

❷ Ist das alles?

Tomaten ✓
Ananas
Mandeln
Linsen
Tee
Salami
Salat
Melone

Lesepate:

Text genau lesen, Einkäufe auf der Liste abhaken

U u

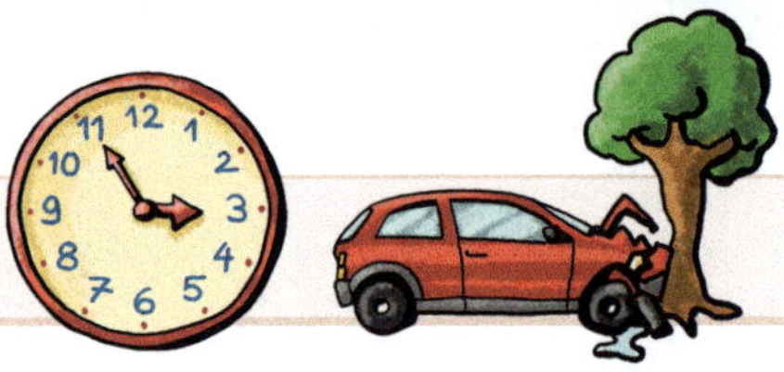

1

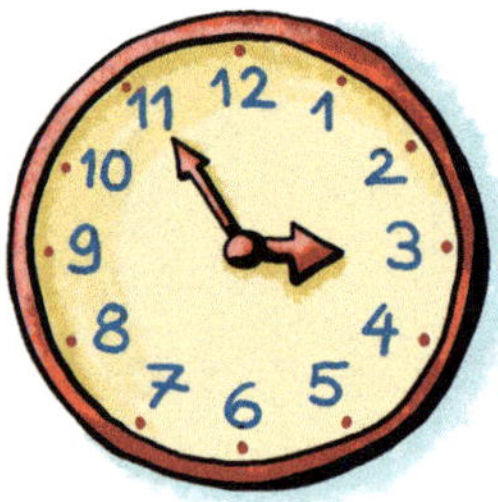

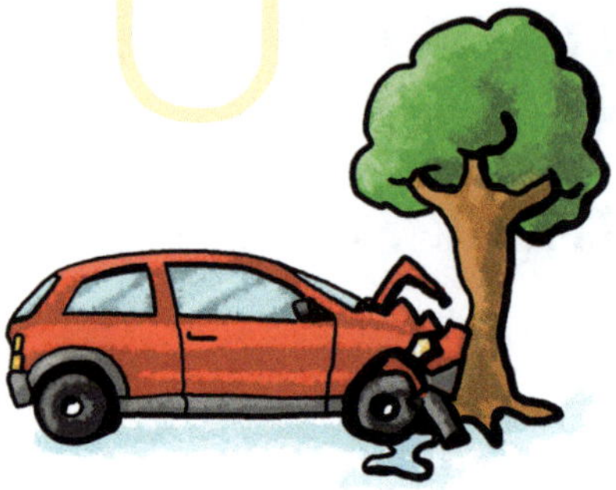

2

3

U/u nachspuren;
U/u schreiben; eigene Wörter mit U/u schreiben

1

2

um
du
nun
Lust
Nudel
Tunnel
umsonst
Mut
Minute
Mund
Unsinn
Nuss
und
unten
Ute

Felder mit U/u ausmalen;
U/u in den Wörtern einkreisen

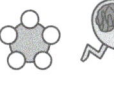

1

2

Bildwörter mit dem U/u-Laut einkreisen (Langvokal, Kurzvokal)

1

2

Nuss

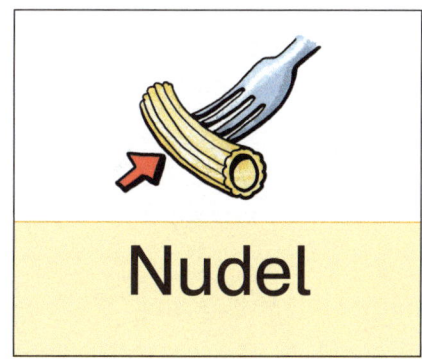

Nudel

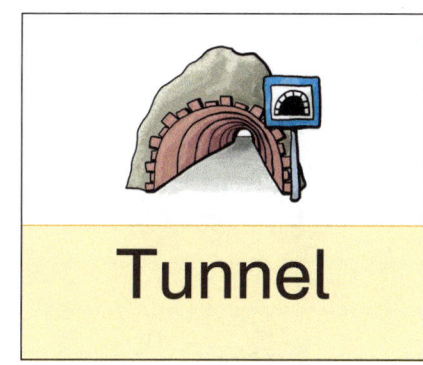

Tunnel

Museum

Mund

Minute

Stellung des U/u-Lautes abhören (Anlaut, Inlaut, Auslaut);
Silbenbögen einzeichnen

U u

1

U u   U u

Mund   Mund

Nudel   Nudel

tun   tun

nun   nun

und   und

du   du

2

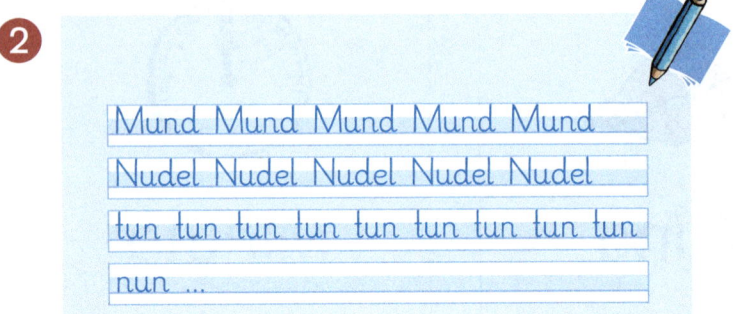

Mund Mund Mund Mund Mund
Nudel Nudel Nudel Nudel Nudel
tun tun tun tun tun tun tun tun tun
nun ...

An Tim:
Um ⏰ mit Uli am See.
Nimm Tassen mit.
Mesut

Buchstaben und Wörter nachspuren und abschreiben

1

| Nu | Da | sum | nel | sen | men |
| Tun | le | es | tum | sen | del |

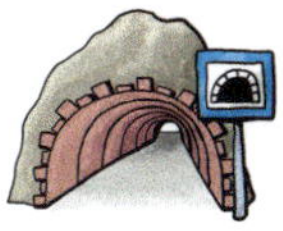

Tun

2

| Tim und Mama lesen. |
| Imo soll loslassen. |
| Uli sammelt alte Dosen. |
| Oma ist unten. |
| Alle essen Nudeln. |
| Lisa ist im Tunnel. |

Silben zusammensetzen;
Sätze mit passenden Bildern verbinden

U u

1

Nase ○	Mond ○	Mist ○	summen ○
Nudel ✕	Mund ○	Nest ○	tummeln ○
Nadel ○	Land ○	Lust ○	sammeln ○

2

☐1 Lisa malt den Mond in den Sand.

☐2 Im See sind 2 Enten.

☐3 An Lottas Mund sind Nudeln.

☐4 Imo ist im alten Sessel.

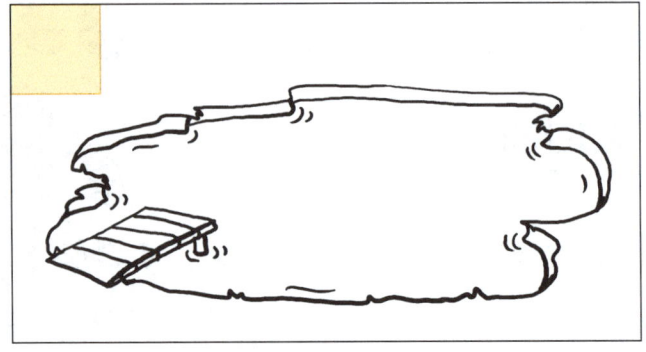 

passende Wörter ankreuzen;
Sätze zuordnen, Bilder vervollständigen

1

mes	sen
es	men
sum	sen

messen

Tun	sel
Nu	nel
In	del

2 Uli und Lisa essen

1 Sinn ? Unsinn ?

 Alle Esel sind nass.

Das ist Unsinn!

 Man muss atmen.

Das ist so.

 Alle Tanten summen.

Das ist Unsinn!

 $1 + 1 = 2$

Das ist so.

 Man muss mit dem Mond essen.

Das ist Unsinn! Man muss mit dem Mund essen.

2

Lesepate:

Aussagen mit verteilten Rollen lesen; sinnlose und sinnvolle Sätze ausdenken

P p

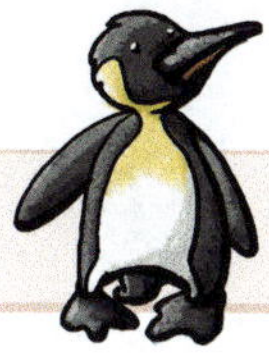

1

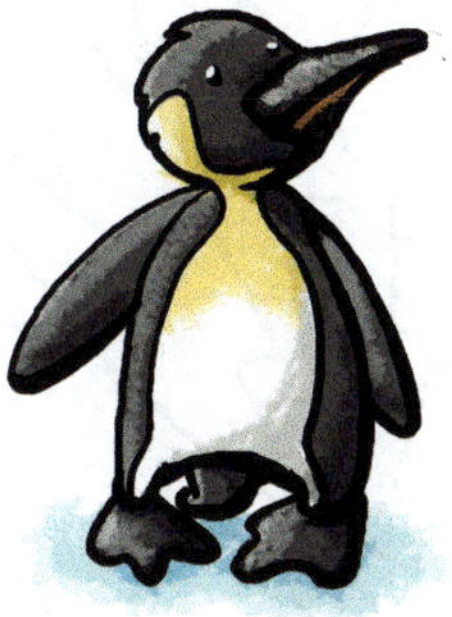

P P P p p p P P p p p P P p P p P p p p

2

P P

p p

3

P/p nachspuren;
P/p schreiben; eigene Wörter mit P/p schreiben

1

2

P	s
N	u
D	e
U	t
E	n
S	d
T	p

s	E
p	D
e	P
t	U
d	T
n	S
u	N

E	p
n	e
P	D
u	t
S	N
T	U
d	s

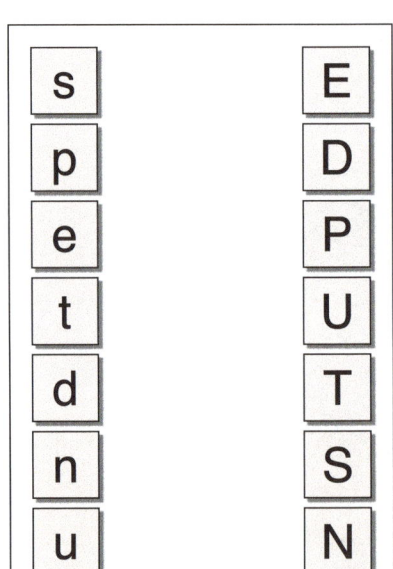

Felder mit P/p ausmalen;
Groß- und Kleinbuchstaben verbinden

P p

1

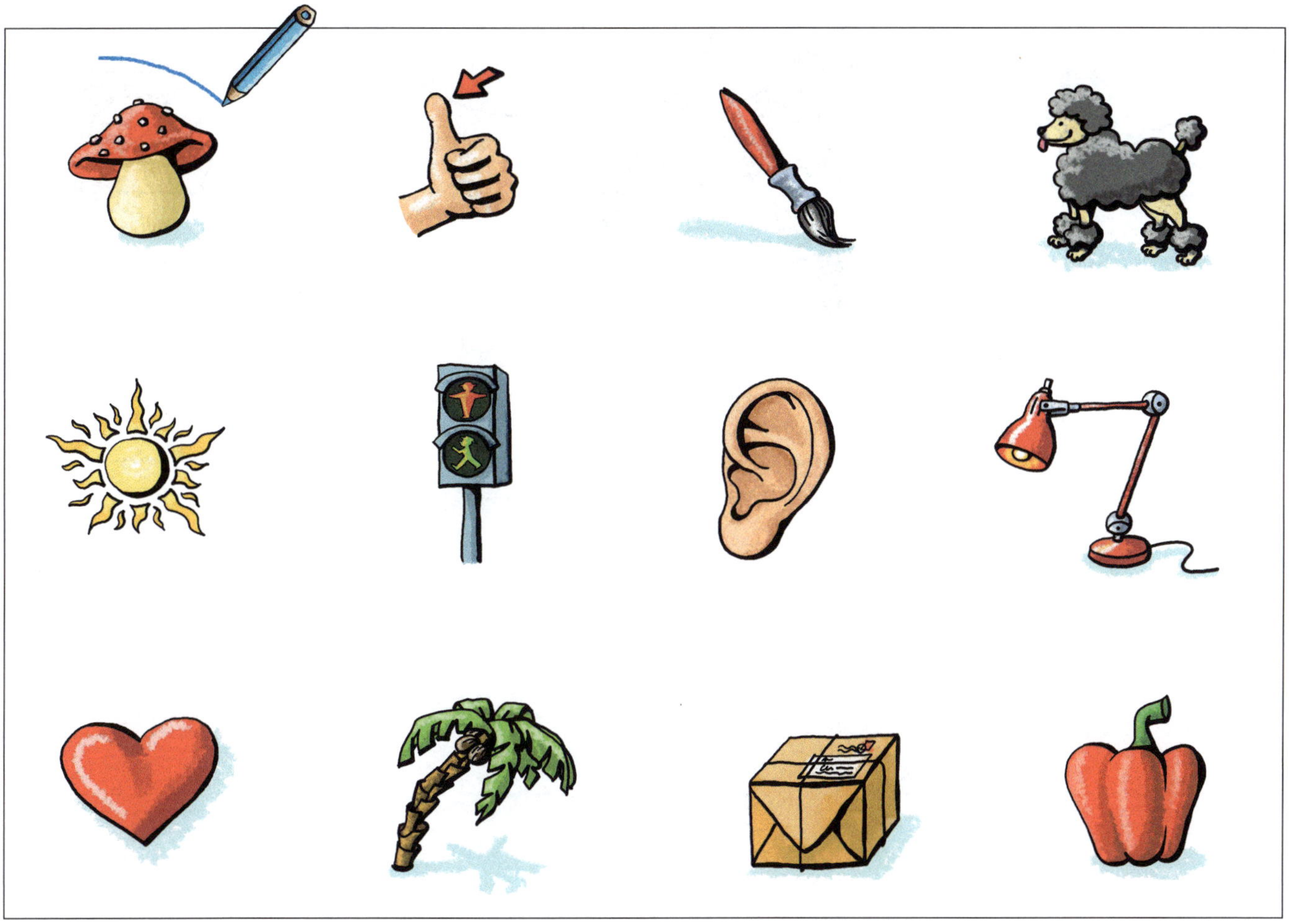

2

Bildwörter mit dem P/p-Laut einkreisen (Anlaut, Inlaut);
Stellung des P/p-Lautes abhören (Anlaut, Inlaut)

P p

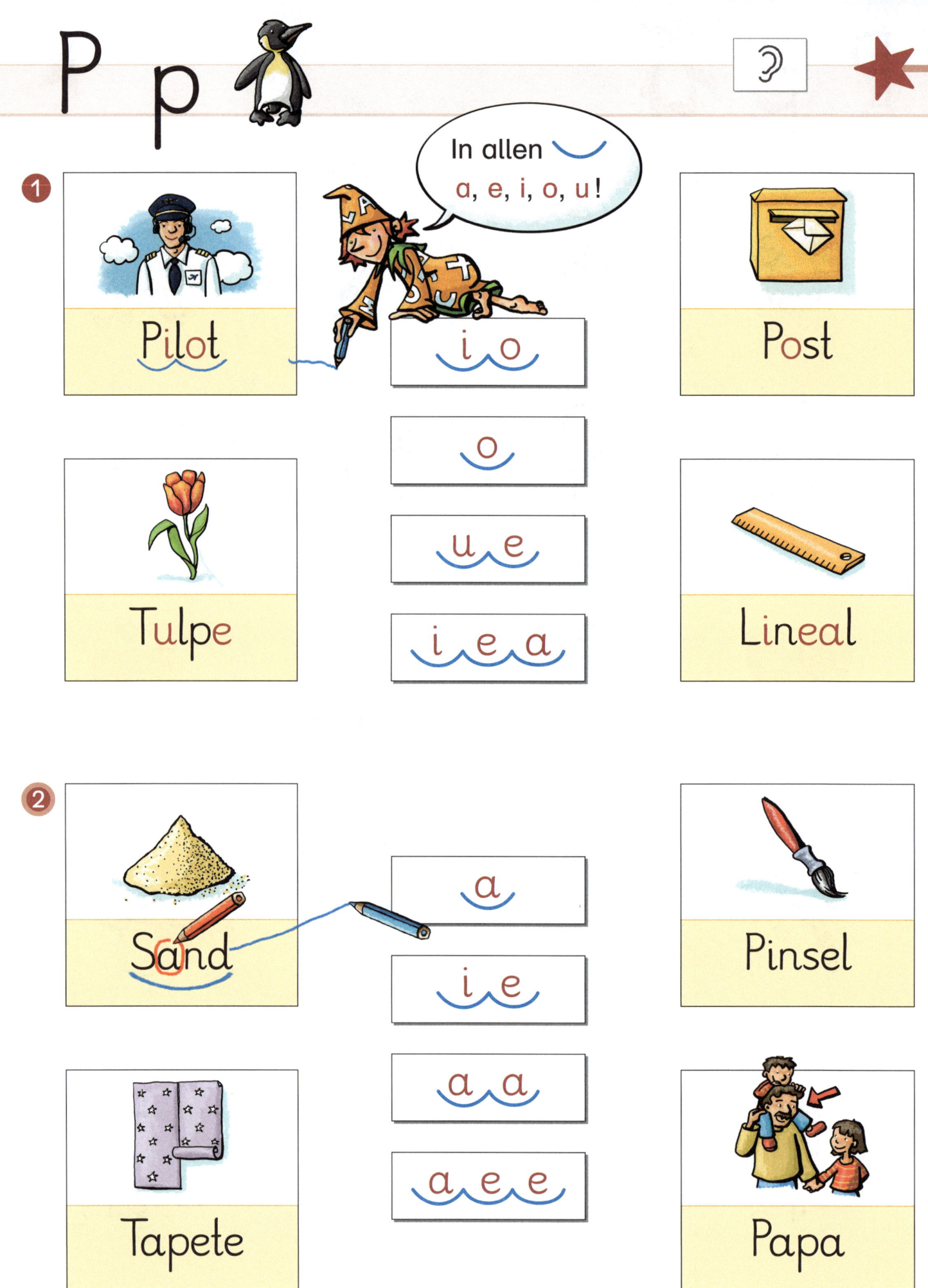

1

Pilot

In allen ‿
a, e, i, o, u!

i o

Post

o

Tulpe

u e

i e a

Lineal

2

Sand

a

Pinsel

i e

a a

Tapete

a e e

Papa

Silbenbögen einzeichnen, mit den passenden Silbenbögen verbinden;
Vokale (Silbenkerne) einkreisen

P p

1

P p   P p

Puppe   Puppe

Papa   Papa

Opa   Opa

Pinsel   Pinsel

Ampel   Ampel

pusten   pusten

2

Puppe Puppe Puppe Puppe Puppe
Papa Papa Papa Papa Papa Papa
Opa Opa Opa Opa Opa Opa Opa
Pinsel ...

Buchstaben und Wörter nachspuren und abschreiben

P p

1

Mond

Nudel

Mund

Oma

Suppe

2

Nasim malt mit dem Pinsel.
Nasim malt mit dem Mund.

Papa nimmt Mamas Mantel.
Papa nimmt Mamas Mappe.

Tim und Opa essen Pommes.
Tim und Opa essen Nudeln.

Wörter verwandeln und schreiben;
passende Sätze ankreuzen

P p

1

Alle Lampen	isst Suppe.
Imo	soll pusten.
Lisa	sind an.
Papa	ist total nass.

2 Alle Lampen

P p

1

Lam	me
Pal	pe
Pin	sel

Am	pa
Pa	pel
Pup	pe

2

Das sind

Silben verbinden;
Satz schreiben

P p

1

Und nun?

2

Text lesen und ergänzen;
über den Streit sprechen

Lesepate:

47

1

K

k

2

K · · K

k · · k

3

K/k nachspuren;
K/k schreiben; eigene Wörter mit K/k schreiben

K k

1

e	e	u	n		n	e		n	e		e	d	n		e
E	P	P	N	u		n	p	d	E		E	D
P		K		E	P			U	K	k		d
U		k				E	U		K	k
D	D	k	P	K	k	d		k	K	p
e	N	K	k	n	k	K	u	e	K	k	u
e	k	k	N	K	k	P	k	K	U

2

Paket (Kamm) Klasse Kino

Kanne Kiste kommen (kalt)

Musik Kind

kneten Keks kennen **Kind**

Sekunde kaputt Kette Plakat

Felder mit K/k ausmalen;
K/k in den Wörtern einkreisen

49

K k

1

2

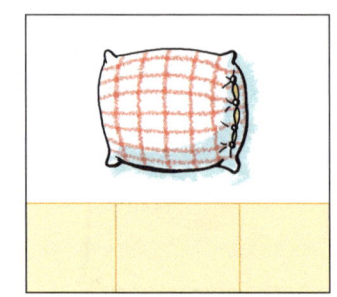

Bildwörter mit dem K/k-Laut einkreisen (Anlaut, Inlaut, Auslaut);
Stellung des K/k-Lautes abhören (Anlaut, Inlaut, Auslaut)

K k

In allen ⌣
a, e, i, o, u!

1

Paket

Plakat

Keks

Kamm

a e

a a

e

a

2

Kind

Kanu

Knoten

Sekunde

a u

i

o e

e u e

Silbenbögen einzeichnen, mit den passenden Silbenbögen verbinden;
Vokale (Silbenkerne) einkreisen

51

K k

1

K k

Kiste

Klasse

Kind

Keks

kann

kalt

2

Kiste Kiste Kiste Kiste Kiste Kiste

Klasse Klasse Klasse Klasse Klasse

Kind Kind Kind Kind Kind Kind Kind

Keks ...

 Buchstaben und Wörter nachspuren und abschreiben

 K k

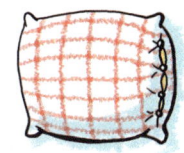  

 Kissen

 Pa_et

 Ke_s

 K_sse

 _ind

 K_ste

2

| Tim kommt mit dem Paket. |
| Anne kann toll malen. |
| Das Kind ist im Laden. |
| Opa knipst Lampen an. |
| Mamas Kiste ist kaputt. |
| Papa ist im Kino. |

fehlende Buchstaben ergänzen;
Sätze mit passenden Bildern verbinden

K k

1

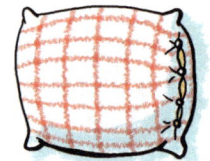   

Kiste ○	Mappe ○	Kasse ○	Kino ○
Kissen ✕	Klappe ○	Klasse ○	Kanu ○
Kette ○	Pappe ○	Tasse ○	Kind ○

2

1. Opa ist im Kanu.
2. Mama ist mit Papa am Kiosk.
3. Im Sessel sind 2 Kissen.
4. Papa nimmt Imo mit an den Kanal.

passende Wörter ankreuzen;
Sätze zuordnen, Bilder vervollständigen

K k

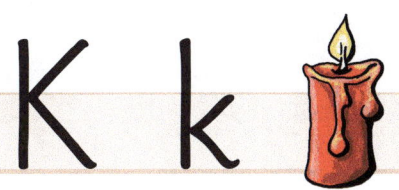

1

Tas – te → Taste

Tas – se

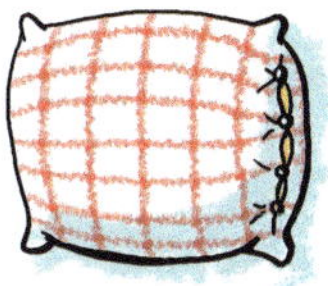

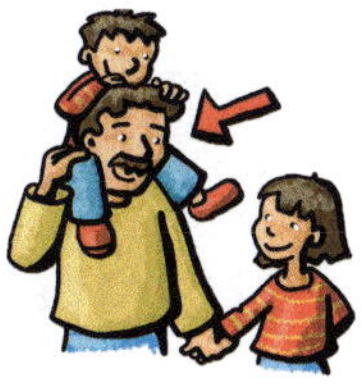

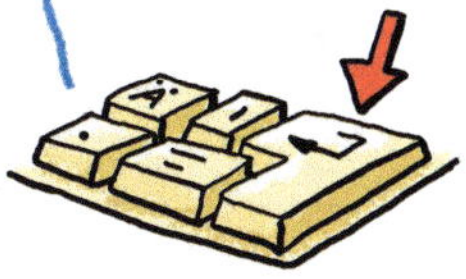

Kis – te

Kis – sen

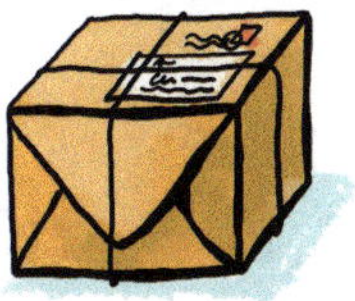

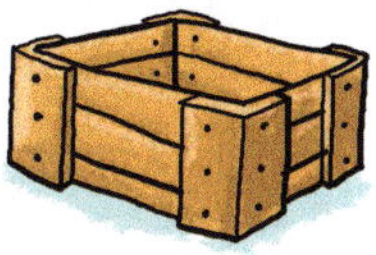

Pa – pa

Pa – ket

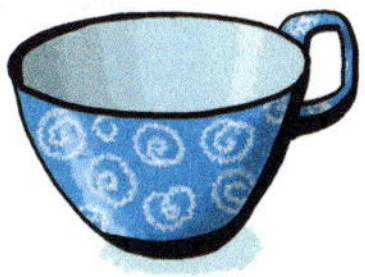

2

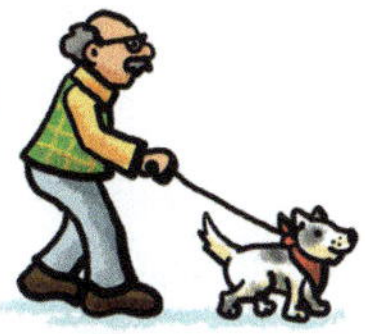

Opa kommt mit

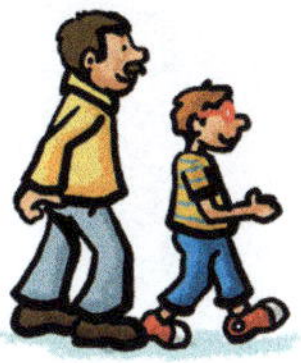

R

K k

❶ Klasse 1a

Anna kann toll Plakate malen.

Anna nimmt den Pinsel

und alte Tapete.

Dann malt Anna das Plakat.

Tim kann toll lesen.

Pippi in Taka-Tuka-Land ist toll.

Lea kann mit dem Kanu paddeln.

Lukas knetet mit Knete.

Es sind Kamele und Enten.

Das kann Lisa:

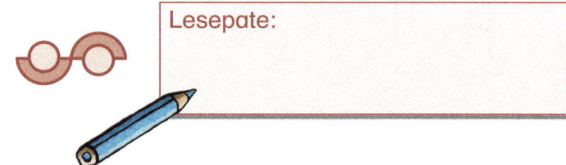

Lesepate:

❷ Das kannst du toll: Das kann _____ toll:

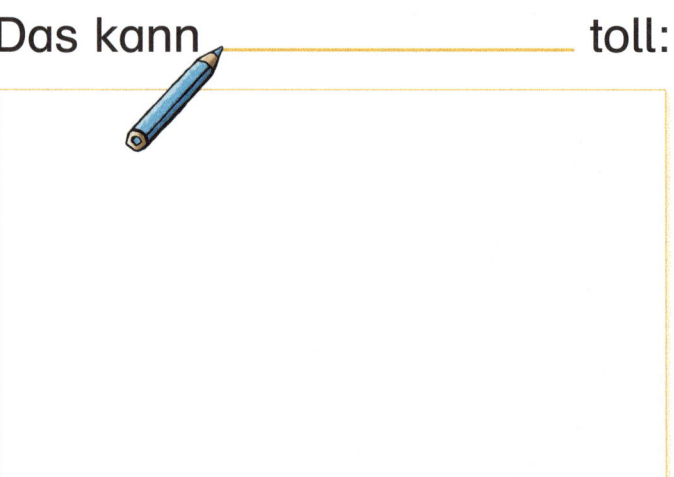

Inhaltsverzeichnis

nachspuren,
schreiben, malen

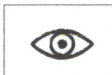

erkennen

hören

lesen

Feld zum Markieren erledigter Aufgaben

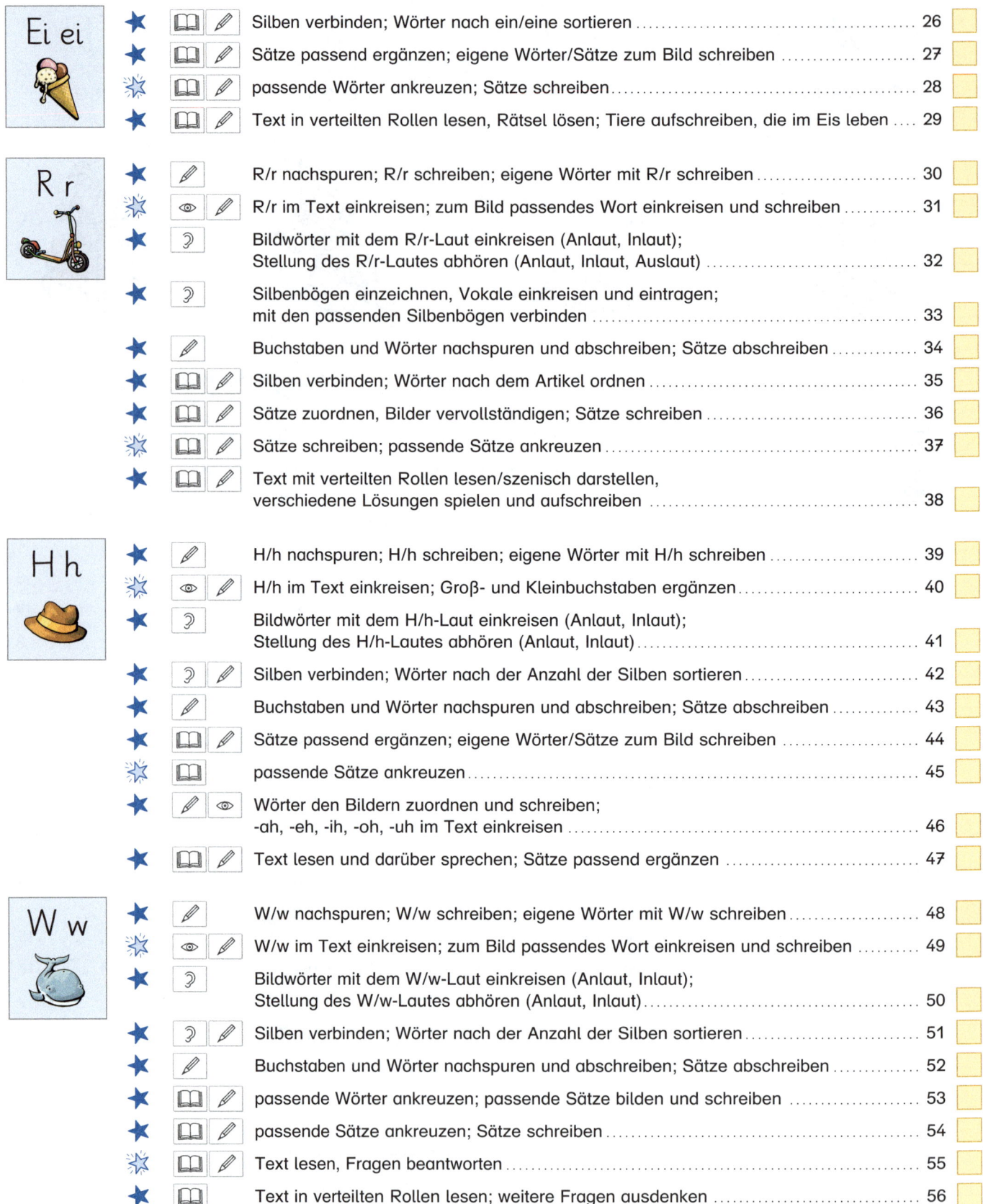

B b 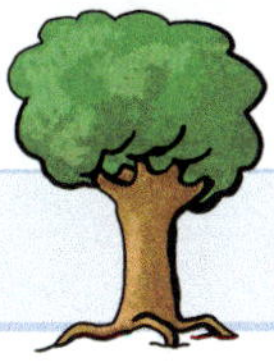

1

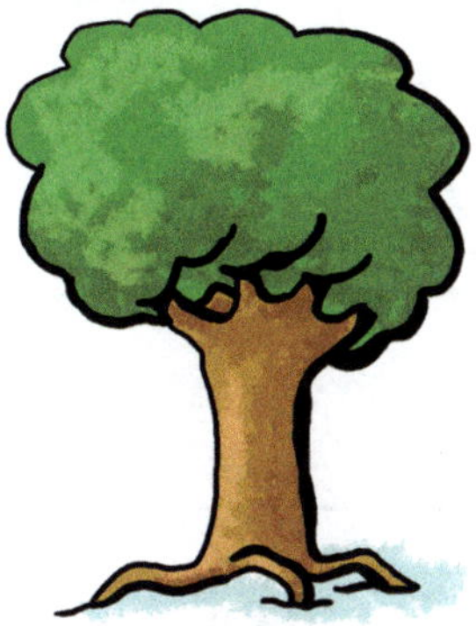

2

B B

b b

3

B/b nachspuren; B/b schreiben;
eigene Wörter mit B/b schreiben

B b

1

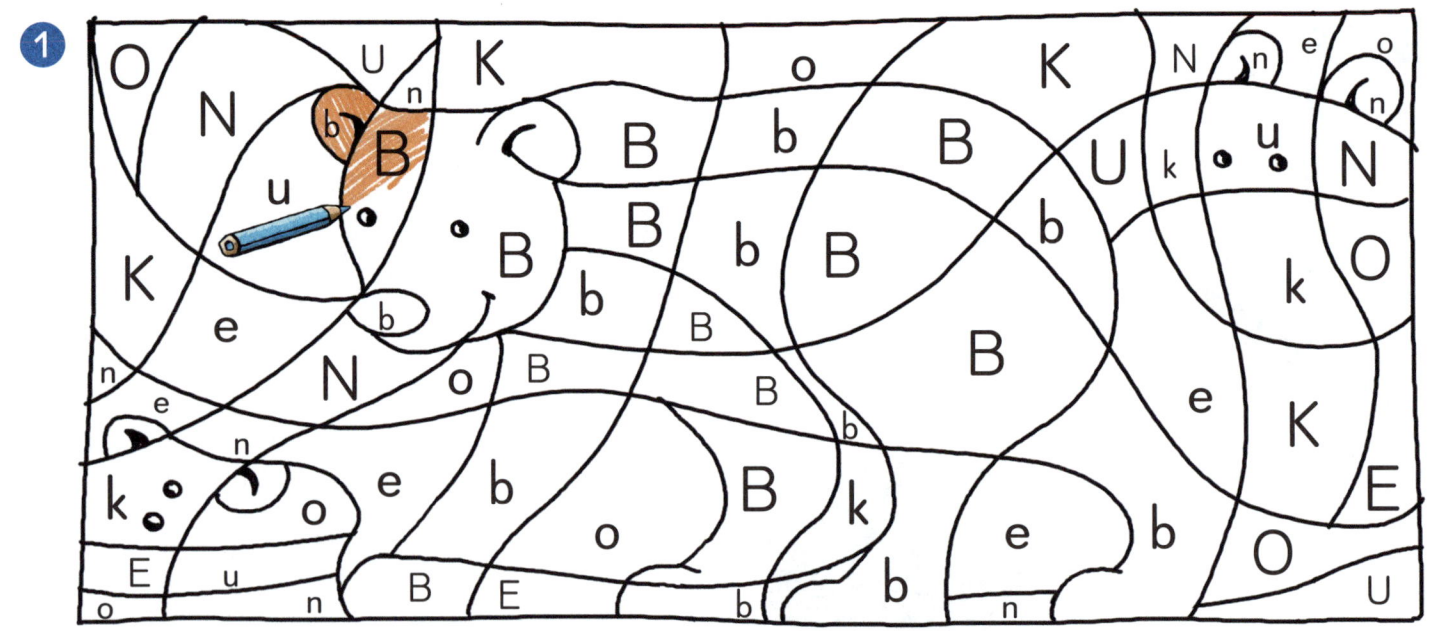

2

A	t
B	k
O	s
S	o
T	u
U	b
K	a

l	K
e	S
k	M
a	B
s	L
m	E
b	A

K	k
n	u
e	B
L	A
U	E
b	N
a	l

Blume

Felder mit B/b ausmalen;
Groß- und Kleinbuchstaben verbinden

B b

1

2

Bildwörter mit dem B/b-Laut einkreisen (Anlaut, Inlaut);
Stellung des B/b-Lautes abhören (Anlaut, Inlaut)

5

B b

Silbenbögen einzeichnen, mit den passenden Silbenbögen verbinden;
Vokale (Silbenkerne) einkreisen

B b

1

B b   B b

Bus   Bus

Bild   Bild

Blume   Blume

leben   leben

baden   baden

bunt   bunt

bis   bis

2

Es ist Abend.

Tobias ist im Bett.

Mama und Tobias lesen.

B	b
Blatt	toben
Besen	loben
Blume	bunt

Buchstaben und Wörter nachspuren und abschreiben;
Sätze abschreiben

B b

① ☐1☐ Imo bellt den Hasen an.

☐2☐ Mama und Papa lesen im Sessel.

☐3☐ Oma bekommt bunte Blumen.

☐4☐ Imo und Lisa toben im Bad.

②  Imo tobt m

Sätze zuordnen, Bilder vervollständigen;
Satz schreiben

B b

Tim beklebt	um Salami.
Papa badet	mit Imo.
Imo bettelt	im Bus.
Lisa ist	Dosen.

 **Tim**

passende Sätze bilden und schreiben;
Bildwörter verschriften

9

B b

1

Nudel	Knall	Kabel
Nadel	Bett	Nabel
Pudel	Ball	Nebel

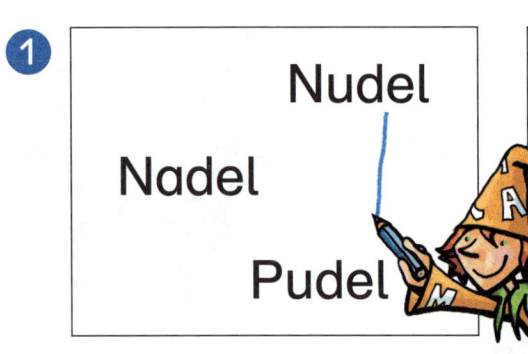
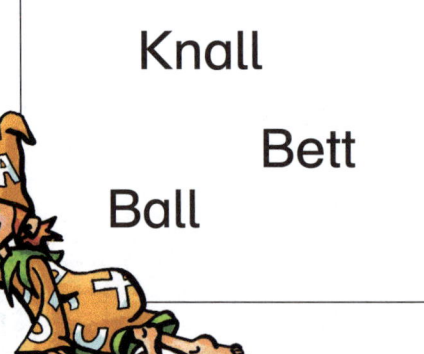
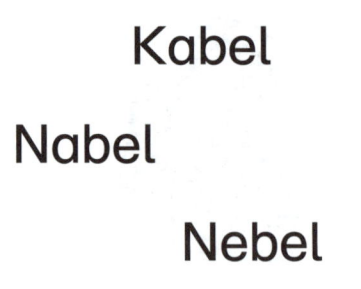

baden	toben	kneten
laden	lesen	leben
malen	loben	kleben

2

Bus

Blu_e

Ne_el

B_tt

_anane

_all

B_d

Be_en

Bi_d

Reimpaare verbinden;
fehlende Buchstaben ergänzen

B b

1 Anne bummelt

Es ist Abend.
Anne soll ins Bett.
Anne bummelt.

Komm bitte, Anne!

Nun soll Anne baden.
Anne nimmt Benno mit.
Anne und Benno toben.
Alles ist nass.

Anne, alles ist nass!

Anne soll nun ins Bett.
Anne bummelt und bummelt.

Anne, nun ab ins Bett!

Lesepate:

2

Anne ist im Bett.

Text lesen;
mögliches Ende ausdenken, Sprechblase ergänzen

11

F f

1

F

Telefon

Familie

Feld

Fass

Sofa

Tafel

Foto

fallen

Elefant   elf

f

Fluss

finden

Affe

2

F   F

f   f

3

F/f nachspuren; F/f schreiben;
eigene Wörter mit F/f schreiben

F f

1

Affen am Felsen

Lisa: Am Felsen sind Affen!

Lass uns Affen filmen!

Tim findet Lisas Idee toll.

Tim: Und nun?

Lisa: Da baden Elefanten.

Filme das mal!

Tim filmt Elefanten.

2

 SofaOmaFotoLolaFeld 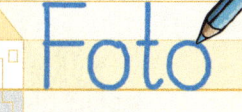 Foto

 OfenTelefonMamaTafel

 DoseEselBananeElefant

F/f im Text einkreisen;
zum Bild passendes Wort einkreisen und schreiben

13

1

2

 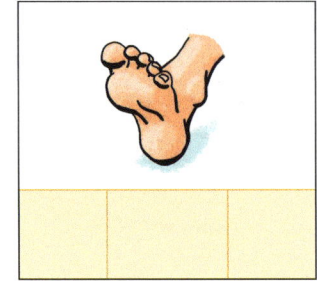  

Bildwörter mit dem F/f-Laut einkreisen (Anlaut, Inlaut, Auslaut);
Stellung des F/f-Lautes abhören (Anlaut, Inlaut, Auslaut)

F f

In allen Silben ‿ a, e, i, o, u!

1

Fass

o o

Foto

Tafel

a

a e

e

Feld

2

Sofa

a

o a

a e

e e o

Saft

Telefon

Faden

Silbenbögen einzeichnen, mit den passenden Silbenbögen verbinden;
Vokale (Silbenkerne) einkreisen

F f

1

F f | F f

Foto | Foto

Familie | Familie

Saft | Saft

Telefon | Telefon

finden | finden

elf | elf

oft | oft

2

Lisa findet Filme toll.

Imo findet Salami toll.

Papa findet Mama toll.

Foto
Ofen
Nase
Elefant
Tasse
Esel

Buchstaben und Wörter nachspuren und abschreiben;
Sätze abschreiben

F f

1

Tasse ◯	Elefant ◯	Fels ◯	falten ◯
Telefon ✕	Elfe ◯	Feld ◯	finden ◯
Taste ◯	Esel ◯	Fell ◯	fallen ◯

2

Fiona	filmt	am Telefon.
Lisa	findet	Elefanten.
Mama	ist	das Bild toll.

3

Fiona

F f

1

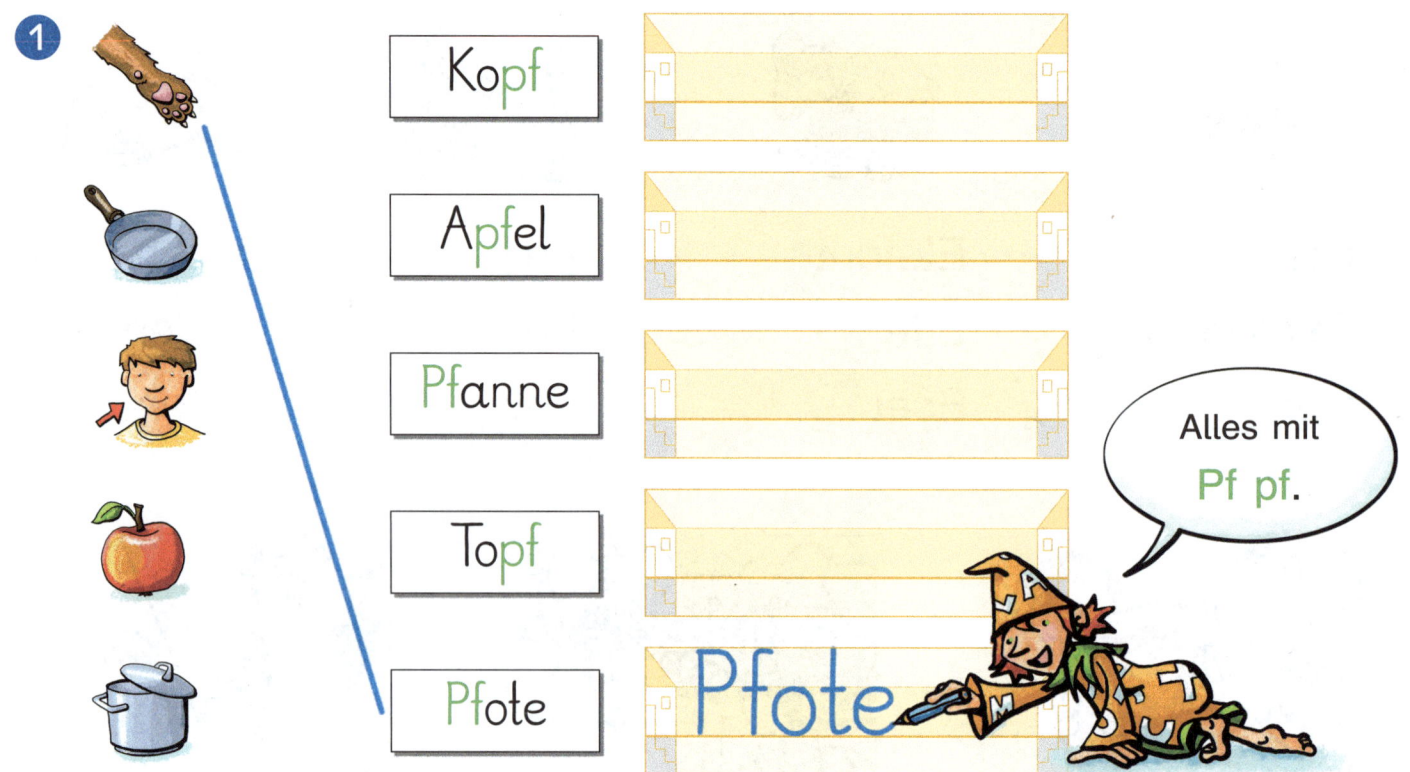

Kopf

Apfel

Pfanne

Topf

Pfote | Pfote

Alles mit Pf pf.

2

Am Imbiss

Tim und Lisa sind am Imbiss.
Lisa bindet Imo am Pfosten fest.

Lisa nimmt den Nudeltopf.
Im Nudeltopf ist Salami.

Imo bellt und bettelt Lisa an.
Imos Pfoten sind nass.
Pfui, Imo! Lass das!

18

F f

1

Elefant   Sof__   Ta_el

_eld   Telef_n   Fo_o

2

Lisa und Uli falten Omas alte Kiste. ◯

Lisa und Uli fallen in Omas alte Kiste. ◯

Lisa und Uli finden Omas alte Kiste. ✗

In Omas Kiste sind Pfannen. ◯

In Omas Kiste sind Fotos. ◯

In Omas Kiste sind Telefone. ◯

Es sind Fotos mit Elefanten. ◯

Es sind Fotos mit Oma als Kind. ◯

Es sind Fotos mit Fell. ◯

fehlende Buchstaben ergänzen;
passende Sätze ankreuzen

19

F f

1 Fabian bastelt

Fabian bastelt.

Fabian faltet das Blatt.

Fabian bemalt das Blatt.

Opa soll es bekommen.

Ob Opa das Blatt toll findet?

**2 Dann beklebt Fabian

das Blatt mit alten Fotos.

Es sind Fotos mit Fabian,

Mama, Papa, Oma und Opa.**

Unten ist das Foto

mit   und dem Ball.

Daneben ist das Foto

mit   .

Oben ist das Foto

mit

und dem Boot.

Lesepate:

Text lesen und mit Hilfe der Bilder ergänzen

Ei ei

1 E i

Pfeife   klein

Bein   Seite

Eis   Kleid

Seife   bleiben

eins   Ameise   Ei

teilen   fein   ei   leise

2 Ei   Ei

ei   ei

3

Ei/ei nachspuren; Ei/ei schreiben;
eigene Wörter mit Ei/ei schreiben

21

Ei ei

1

Ameisen im Eis

Tim und Lisa essen ein Eis.

Tim: Da sind Ameisen in meinem Eis!

Lisa: Kleine Ameisen, pfui!

Tim: Und in deinem Eis?

Lisa: In meinem Eis sind keine.

Tim: Lass uns dein Eis teilen!

Lisa: ...

2

A	S	D	E	P	T	F	I	N	M	K	Ei	B
a												

b	k	l	u	ei	d	f	n	p	a	s	t	i
B												

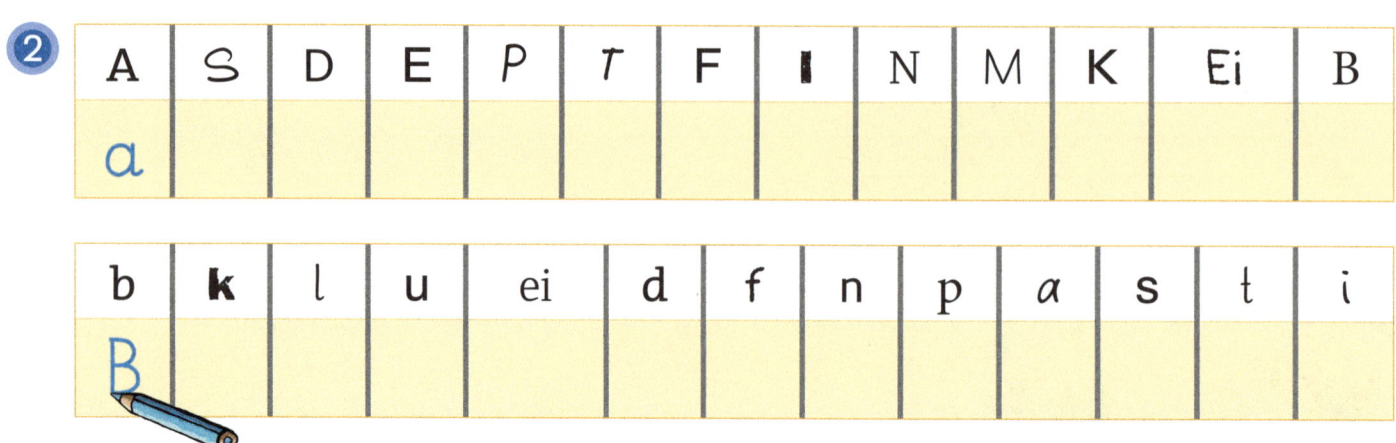

Ei/ei im Text einkreisen;
Groß- und Kleinbuchstaben ergänzen

Ei ei

1

2

 ei

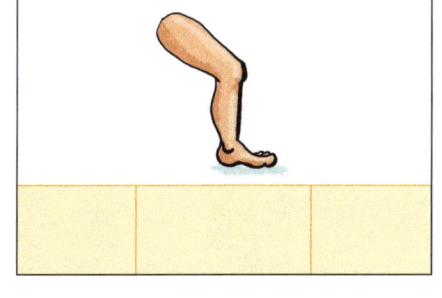

Seife

Bildwörter mit dem Ei/ei-Laut einkreisen (Anlaut, Inlaut, Auslaut);
Stellung des Ei/ei-Lautes abhören (Anlaut, Inlaut, Auslaut)

23

Ei ei

1

tei		
fei	len	**teilen**

pfei		
knei	fen	

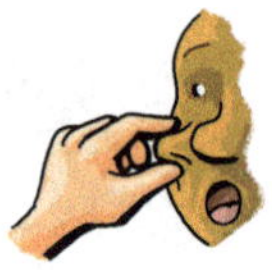

le		
es	sen	

2

| Bein | Eisladen | Seife | Ameise | Pfeife | Kleid |

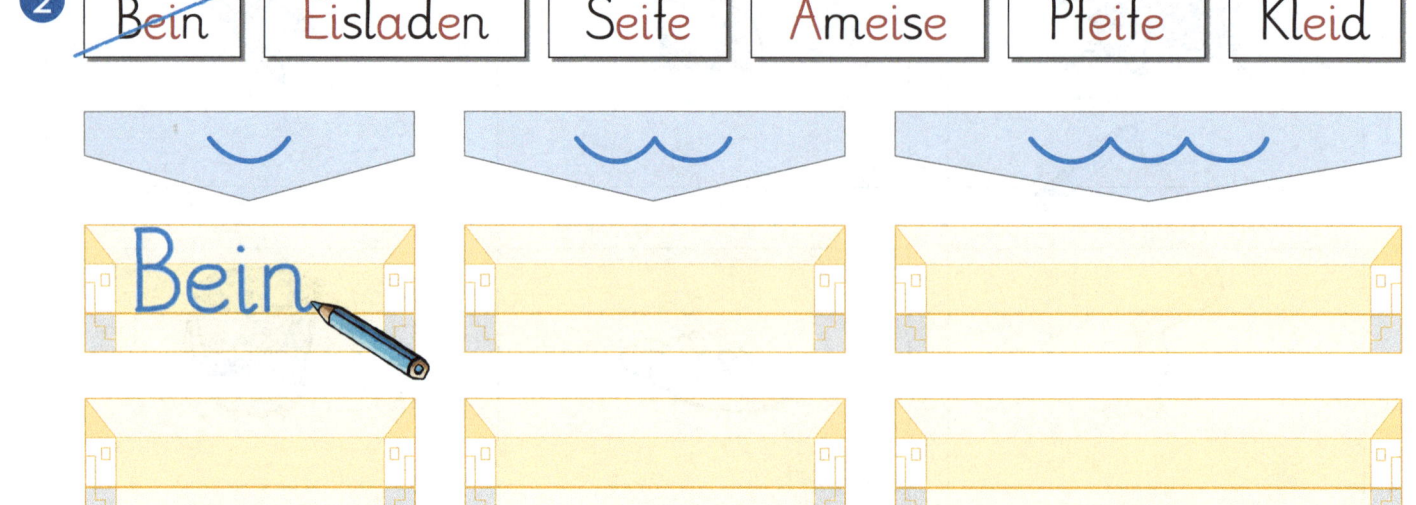

Bein

Silben verbinden;
Wörter nach der Anzahl der Silben sortieren

Ei ei

1

Ei ei Ei ei

Eis Eis

Kleid Kleid

Seife Seife

bleiben bleiben

leise leise

nein nein

bei bei

2

Tim nimmt ein kleines Eis.
Mama nimmt kein Eis.
Papa nimmt einen Eistee.

SOL   Seil
BOn   Bei
nOn
ROse

Buchstaben und Wörter nachspuren und abschreiben;
Sätze abschreiben

25

Ei ei

1

S ei	fe	
Pf	te	
M	fe	
S	se	

Sei

2

~~Ei~~   Seife   Meise   Kleid

Bein   Pfeife   Eis   Seite

ein	**eine**
ein Ei	

Silben verbinden;
Wörter nach ein/eine sortieren

Ei ei

① **Das Nest**

Lisa ist | im Eis | | am Seil | .

Das Seil ist | an einem Ast | | an einem Kleid | .

Neben dem Seil ist | eine Ameise | | ein Nest | .

Im Nest sind | kleine Meisen | | kleine Beine | .

Soll Lisa mit dem Seil pendeln?

②

Ei ei

1

ein **Keks** ◯	ein **Pfeil** ◯	eine **Seite** ◯	eine **Meise** ◯
ein **Kleid** ✗	eine **Feile** ◯	ein **Seil** ◯	eine **Meile** ◯
ein **Keil** ◯	eine **Pfeife** ◯	eine **Seife** ◯	eine **Ameise** ◯

2 Im Eis sind kleine  .

Im Eis sind kleine Ameisen

Am Ende ist ein .

Tim kneift Uli ins  .

Ali teilt sein mit Lea.

Dana findet eine .

Lisas  ist bunt.

passende Wörter ankreuzen;
Sätze schreiben

Ei ei

① Das ist ein ...

Lisa: Das kann ein Mond sein.

Tim: Ein Mond? So ein Unsinn!

Ali: Das ist ein Ei.

Nina: Nein, das ist kein Ei.

Tim: Da ist Fell.

Ali: Und da ist Eis. Das sind Beine!

Nina: Es sind Beine mit Pfoten.

Tim: Das kann ein Pudel sein.

Lisa: Meinst du?

Leben Pudel im Eis?

Nein!

Das ist ein .

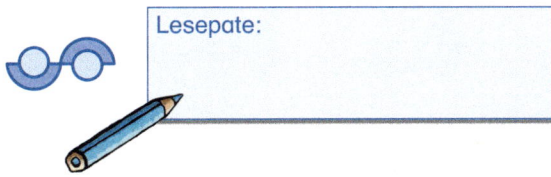

Lesepate:

② Im Eis leben:

Text in verteilten Rollen lesen, Rätsel lösen;
Tiere aufschreiben, die im Eis leben

R r

1

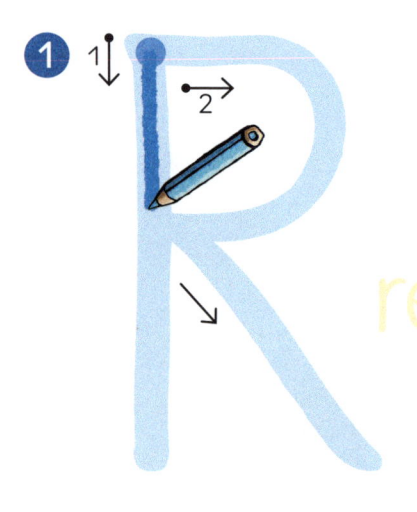

Rabe

reisen   Roller

Radio

Mutter

Pferd

rot

Leiter

Eimer

reiten

Sommer

rufen

Arm

Partner

arbeiten

r Rad

2

3

30

R r

1

Rate mal!

Er ist kleiner als du.

Aber er ist kein Kind.

Er lebt am Ast.

Maden sind seine Feinde.

Rot kann er sein.

Reif muss er sein.

Rund ist er meist.

Tipp: Du kannst den _____ essen.

Es ist rund.
Es ist klein und rot.
Es kann rollen.

Das ist …

2

 rosalilarotrundarm _____

 RitterRaketeRadioRabe _____

 KameraRollerRadReiter _____

 PartnerLeiterReiseRose _____

R r

1

2

R

Bildwörter mit dem R/r-Laut einkreisen (Anlaut, Inlaut);
Stellung des R/r-Lautes abhören (Anlaut, Inlaut, Auslaut)

R r

In allen Silben ⌣ ist immer ein Silbenkern: a, e, i, o, u oder ei!

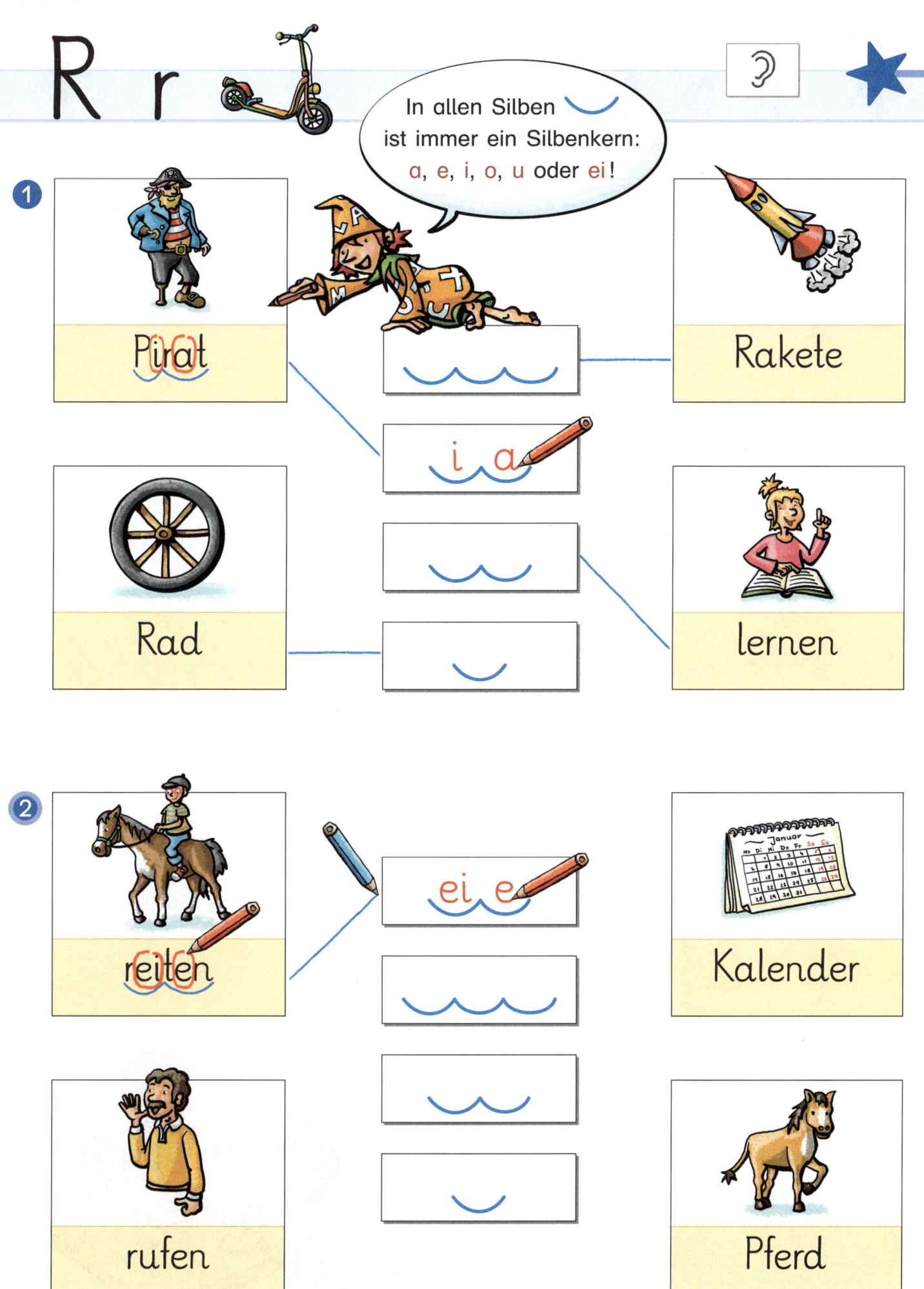

1

Pirat

Rad

i a

Rakete

lernen

2

reiten

rufen

ei e

Kalender

Pferd

Silbenbögen einzeichnen, Vokale einkreisen und eintragen;
mit den passenden Silbenbögen verbinden

33

R r

1

R r · R r

Rabe · Rabe

Bruder · · · · · · · · · · · · · · · · · · Bruder

Birne · Birne

rufen · rufen

lernen · · · · · · · · · · · · · · · · · · lernen

rot · rot

er · er

2

Tim ist am Ball.

Er rennt ans Tor.

Tim trifft.

Birne

Buchstaben und Wörter nachspuren und abschreiben;
Sätze abschreiben

R r

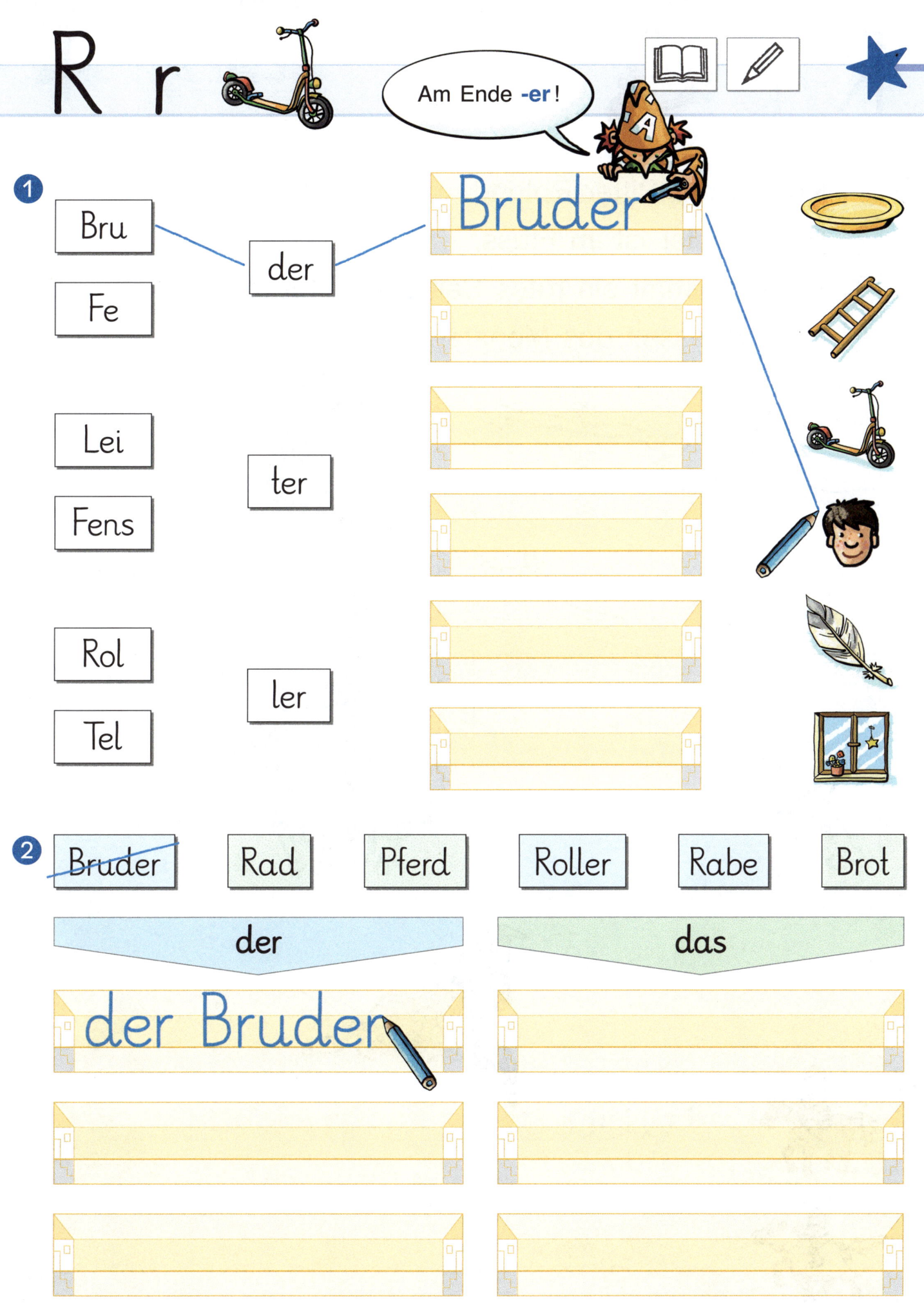

1

Bru		**Bruder**
Fe	der	
Lei		
Fens	ter	
Rol		
Tel	ler	

2

Bruder   Rad   Pferd   Roller   Rabe   Brot

der	das
der Bruder	

Silben verbinden;
Wörter nach dem Artikel ordnen

35

R r

1 ☐1 Rubina ruft Ritter Roland.

☐2 Ein Monster ist im Fluss.

☐3 Roland nimmt ein rotes Seil und reitet los.

☐4 Roland fesselt das Monster.

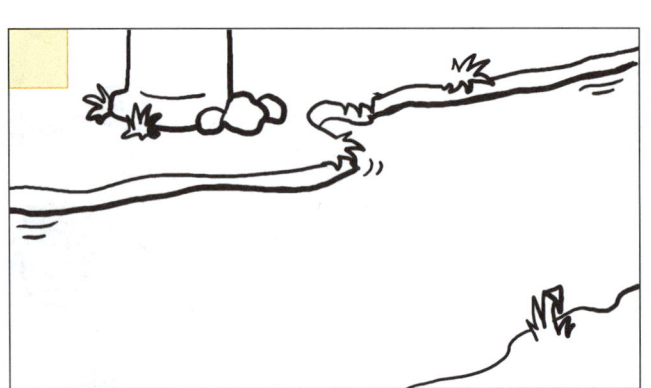

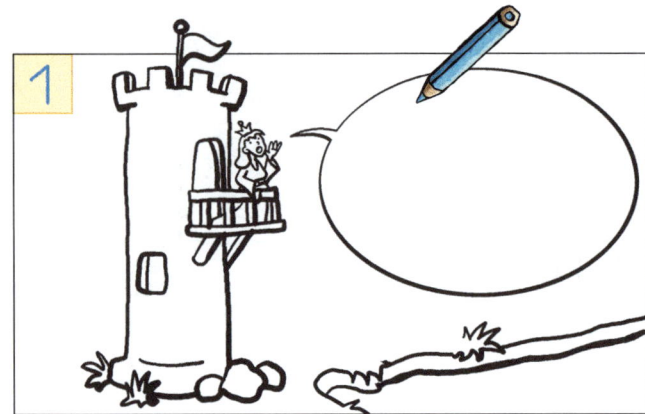

2

Papa r

Sätze zuordnen, Bilder vervollständigen;
Sätze schreiben

R r

1 Der  reitet ins Dorf.

Der Ritter

Er nimmt mit.

Am  trifft er Rubina.

2

Der Ritter reitet ein Pferd.
Der Ritter rettet das Pferd.

In seinem Arm ist das Pferd.
In seinem Arm sind Rosen.

Er kommt an ein Tor.
Er kommt an einen Turm.

Rubina!
Komm runter!

Der Ritter ruft: „Rubina! Komm runter!"
Der Ritter ruft Rubina an.

Sätze schreiben;
passende Sätze ankreuzen

37

R r

1 **Du bist selbst dumm!**

Robin ist erst seit einem Monat in der Klasse.

Er ist kleiner als andere Kinder.

Keiner in der Klasse redet mit Robin.

Da kommt Nora.

Nora ruft: Du bist kleiner als mein Bruder!

Aber mein Bruder ist erst drei!

Robin meint: So ein Unsinn!

Nora ruft: Sei leise, du kleiner Dummi!

Robin ruft: Du bist selbst dumm!

Robin tritt Nora ans Bein.

Da kommt Ramin. Er ist in

Robins und Noras Klasse.

Lesepate:

2 Ramin meint:

Text mit verteilten Rollen lesen / szenisch darstellen; verschiedene Lösungen spielen und aufschreiben

H h

1

H Haare helfen

Hase Hals Hai

Hut haben

Hund Himmel

hell h Hose

holen Hand

2

H H

h h

3

H/h nachspuren; H/h schreiben;
eigene Wörter mit H/h schreiben

 39

H h

1

In der Turnhalle

Herr Hafer ist mit der Klasse in der Turnhalle.

Alle Kinder sollen eine Rolle lernen.

Der Boden in der Halle ist hart und kalt.

Deshalb holen Mia und Tim eine Matte.

Ramin hilft den beiden.

Lisa hat eine andere Idee.

2

B	F	E	K	U	T	M	P	D	H	A	R	Ei
b												

r	h	u	m	d	p	a	t	k	ei	e	b	l
R												

H/h im Text einkreisen;
Groß- und Kleinbuchstaben ergänzen

H h

1

2

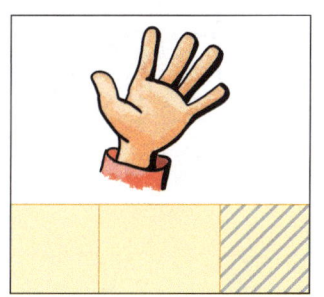

Bildwörter mit dem H/h-Laut einkreisen (Anlaut, Inlaut);
Stellung des H/h-Lautes abhören (Anlaut, Inlaut)

H h

1

hel		
ru	fen	**helfen**

hal		
hus	ten	

ma		
tei	len	

2 | Hals | Unterhemd | haben | Hustensaft | Hund | Hose |

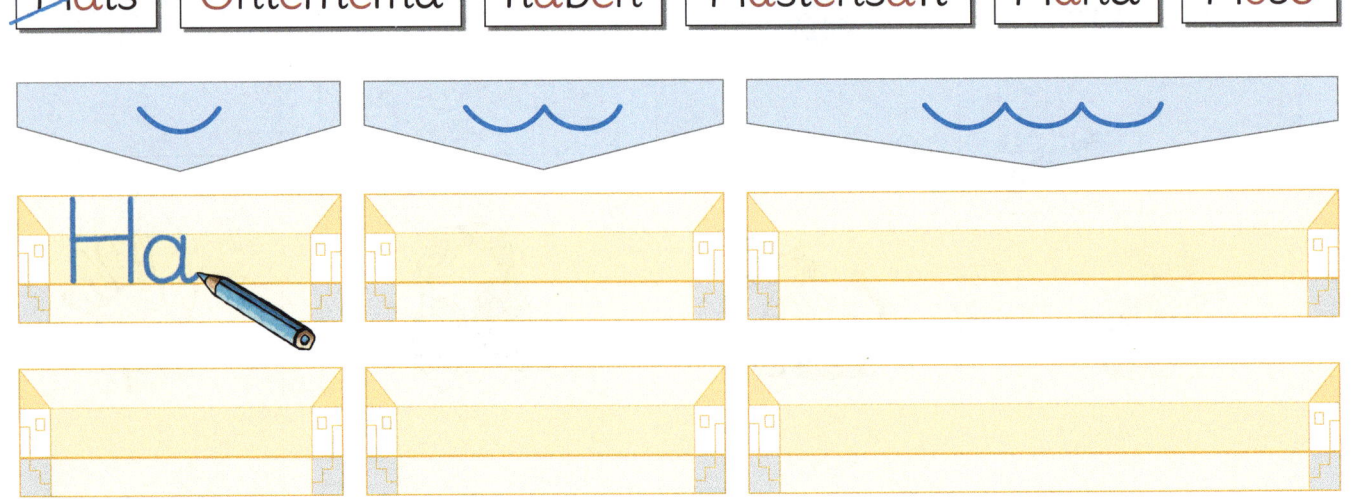

Ha

Silben verbinden;
Wörter nach der Anzahl der Silben sortieren

H h

1

H h .... H h

Hose .... Hose

Hund .... Hund

Hai .... Hai

haben .... haben

holen .... holen

hinter .... hinter

her .... her

2

Mia holt Opa ab.

Opa ist oft alleine.

Mia nimmt Opas Hand.

Buchstaben und Wörter nachspuren und abschreiben;
Sätze abschreiben

H h

① Lisa muss im Bett bleiben

Lisa muss oft ⎡husten⎤ ⎡heiraten⎤ .

Papa fasst ⎡Lisas Topf⎤ ⎡Lisas Kopf⎤ an.

Abends bekommt Lisa ⎡Eis⎤ ⎡Tropfen⎤ .

Unten ⎡im Herd⎤ ⎡im Hof⎤ sind Tim und Uli.

Aber Lisa muss ⎡im Bett⎤ ⎡im Bad⎤ bleiben.

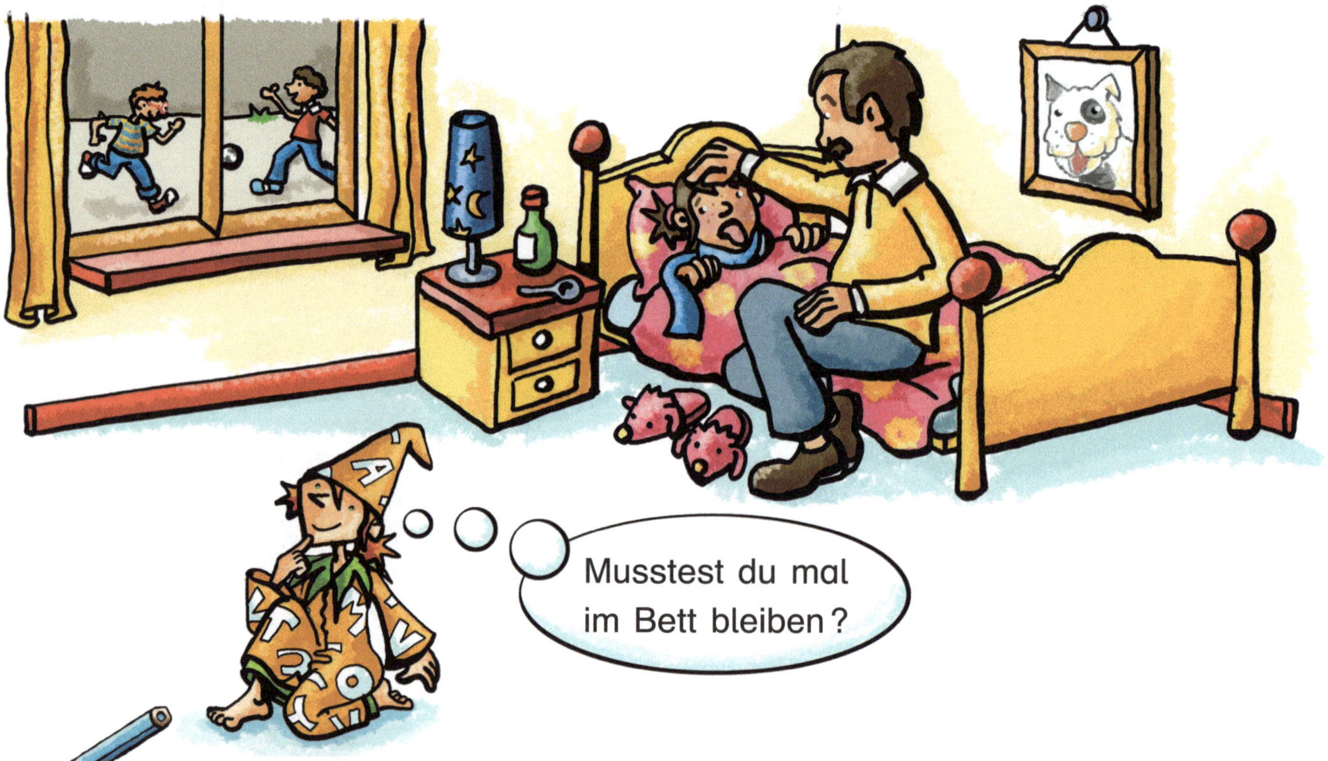

> Musstest du mal
> im Bett bleiben?

②

44

H h

1 So muss man einen Hamster halten

Hamster haben ein Fell.
Hamster haben Federn.

Hamster haben Flossen.
Hamster haben Pfoten.

Hamster fahren Motorrad.
Hamster rennen im Hamsterrad.

Hamster fressen Eis.
Hamster fressen Samen und Insekten.

Hamster klettern und rennen oft.
Hamster sehen oft Filme.

Hamster hamstern Hefte.
Hamster hamstern Futter.

passende Sätze ankreuzen

H h

1

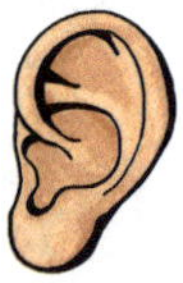

ein Lehrer

ein Sohn — ein

eine Kuh

ein Ohr

eine Fahne

eine Uhr

2 Im Hof

Um elf Uhr soll Tim bei Dana sein.

Tim kommt ohne Fahrradhelm.

Dana holt ihm ihren alten Helm.

Oh! Er hat ein Kuhmuster!

Tim dreht den Sattel runter.

Dana testet ihre Bremse.

Dann nehmen beide ihre Helme und fahren los.

Kreise
ah, eh, ih, oh und
uh ein.

46

Wörter den Bildern zuordnen und schreiben;
-ah, -eh, -ih, -oh, -uh im Text einkreisen

H h

1 **Hannas Helm**

Hanna trifft Leo im Park.

Leo ist in der dritten Klasse.

Er hat ein rotes Fahrrad dabei.

Leo ruft: Du bist in der ersten Klasse, oder?

Darf man denn in der ersten Klasse Fahrrad fahren?

Hanna meint: Na klar!

Hanna nimmt ihren Helm
und rast mit Leos Fahrrad los.

Die erste Runde ist kein Problem.

Aber dann knallt Hanna an eine Laterne.

Hanna kippt mit dem Fahrrad um.

Leo rennt herbei.

Er ruft: Alles klar, Hanna?

Ist dein Kopf heil?

Sei froh, dein Helm ist toll.

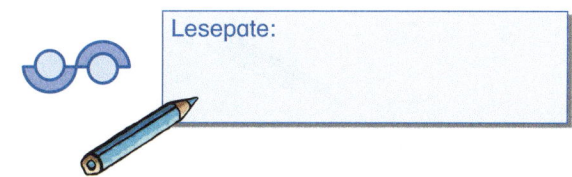
Lesepate:

2 Hanna trifft Leo im  .

Hanna knallt an eine _____ .

Hanna hat einen  auf dem Kopf.

1

W

Wolf Wald

weinen wann

wollen Wort

warten Wasser

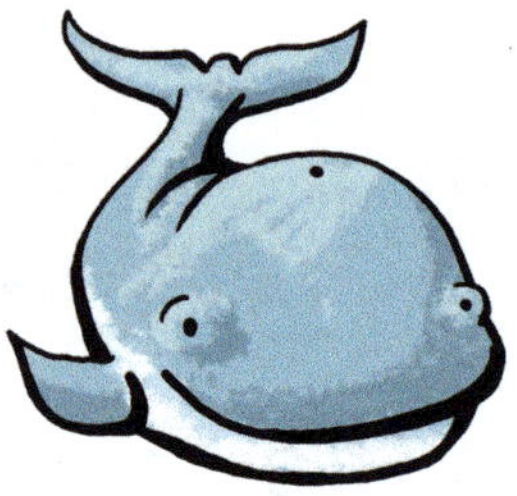

Winter Wind wer

w

weit was

warum wo Wolke

2

W   W

w   w

3

W w

1

(W)as Kinder (w)issen wollen

Warum ist eine Banane krumm?

Warum hat ein Wurm keine Beine?

Wo ist das Ende der Welt?

Wohin wandert der Mond?

Wo kommen Wolken her?

Warum ist es im Winter kalt?

Warum …

2

 Wurmwer(Wal)wannWelle

 WurmWindelWolfwaswo

 WolleWolkeBadewanne

W w

1

2

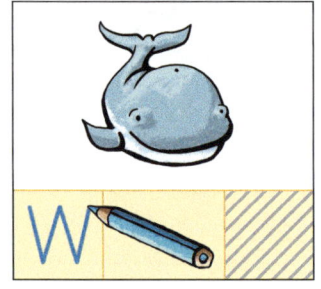

Bildwörter mit dem W/w-Laut einkreisen (Anlaut, Inlaut);
Stellung des W/w-Lautes abhören (Anlaut, Inlaut)

1

| wer | | |
| ru | fen | werfen |

| wip | | |
| hu | pen | |

| wei | | |
| ren | nen | |

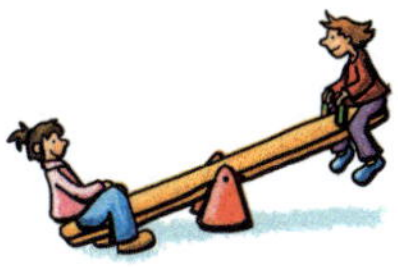

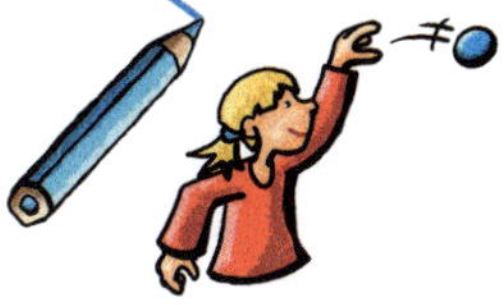

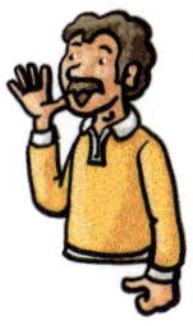

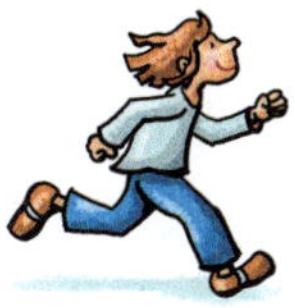

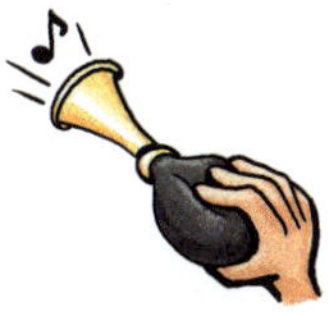

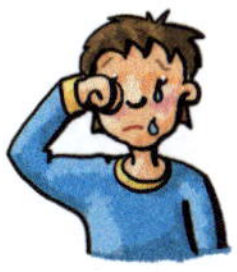

2

| Wal | Wolke | antworten | Winter | Wanderer | Wort |

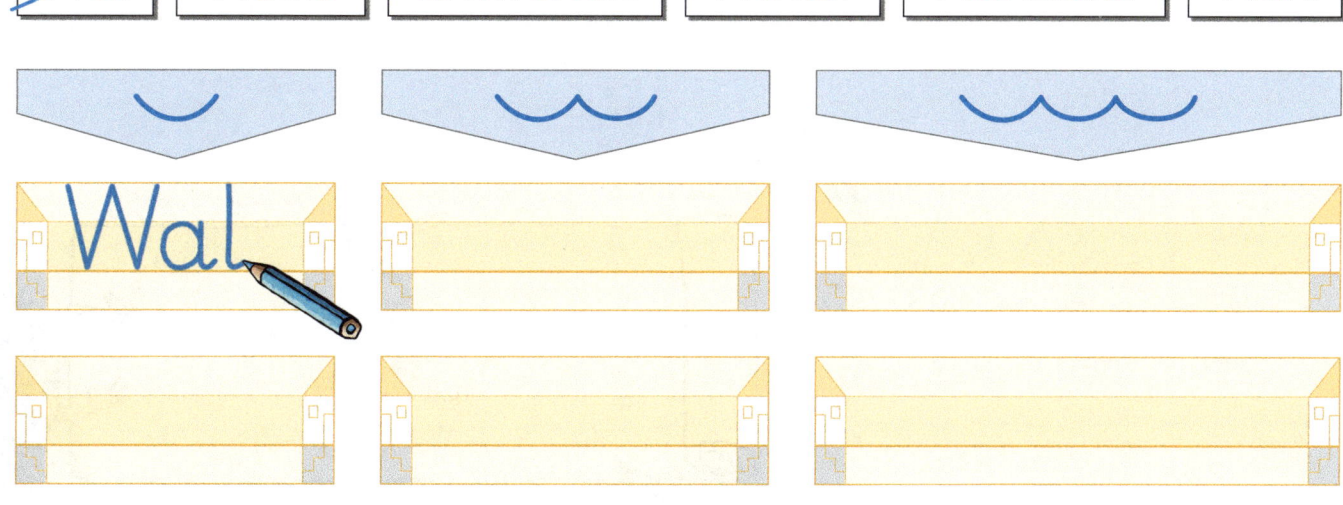

Wal

W w

1

W w · · · · · · · W w

Wind · · · · · · · Wind

Wolke · · · · · · · Wolke

Wasser · · · · · · · Wasser

wollen · · · · · · · wollen

warten · · · · · · · warten

weit · · · · · · · weit

wir · · · · · · · wir

2

Mia will alles wissen.
Woher kommt der Wind?
Was fressen Wale?

Buchstaben und Wörter nachspuren und abschreiben;
Sätze abschreiben

W w

1

Wald ◯	Wasser ◯	Wand ◯	Wurm ◯
Welt ◯	Welle ◯	Wippe ◯	Windel ◯
Wolke ✕	Wolle ◯	Wind ◯	Wal ◯

2

Wanda	wandert	eine Wurst.
Opa	will	eine Windel.
Imo	hat	im Wald.

3

W w

1

Wo leben Wale?	Wale leben im Wasser.  Wale leben im Wald.
Was kann ein Kind?	Ein Kind kann Motorrad fahren.  Ein Kind kann Fahrrad fahren.
Was fressen Hasen?	Hasen fressen Kekse. Hasen fressen Salat.
Wer kann bellen?	Eine Ameise kann bellen. Ein Hund kann bellen.

2 Was kann ein Hund?

Ein Hund kann

Was kann ein Kind?

Ein Kind kann

passende Sätze ankreuzen;
Sätze schreiben

W w

1 Wale

In allen Meeren der Welt leben Wale.

Ihr Futter finden Wale im Wasser.

Ein Wal hat keine Arme und Beine.

Aber er hat Flossen.

Wale bekommen ihre Kinder unter Wasser.

Delfine sind ebenfalls Wale.

Delfine leben im Meer oder im Fluss.

2 Wo finden Wale ihr Futter?

Ihr Futter finden

Wo bekommen Wale ihre Kinder?

W w

1 **Tim will alles wissen**

Tim: Opa, warst du mal klein?

Opa: Na und ob!

Tim: Opa, wann musstest du abends ins Bett?

Opa: Erst haben wir Abendessen bekommen.
Dann mussten wir baden und dann ins Bett.

Tim: Und wann hast du
dein erstes Fahrrad bekommen?

Opa: Mit elf.

Tim: Als du klein warst,
hattest du da einen Hund?

Opa: Nein, leider durften wir
keinen haben.

Tim: Opa, durftest du fernsehen, wann du wolltest?

Opa: Nein. Damals durften wir
nur mit unseren Eltern
fernsehen.

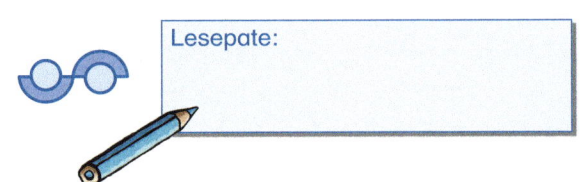

Lesepate:

2 Tim: Opa, als du klein warst,

Text in verteilten Rollen lesen;
weitere Fragen ausdenken

Inhaltsverzeichnis

nachspuren,
schreiben, malen

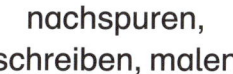

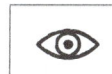

erkennen

hören

lesen

Feld zum Markieren erledigter Aufgaben

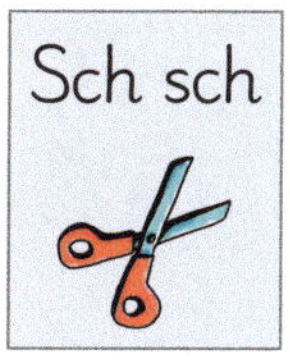

G g

1

G

sagen   Regen

Tag

gut

Weg

gelb   g   Gras

gehen

Garten   Gabel

2

G   G

g   g

3 Lisa geht gerne in den Garten.

Lisa geht

G g

1

2

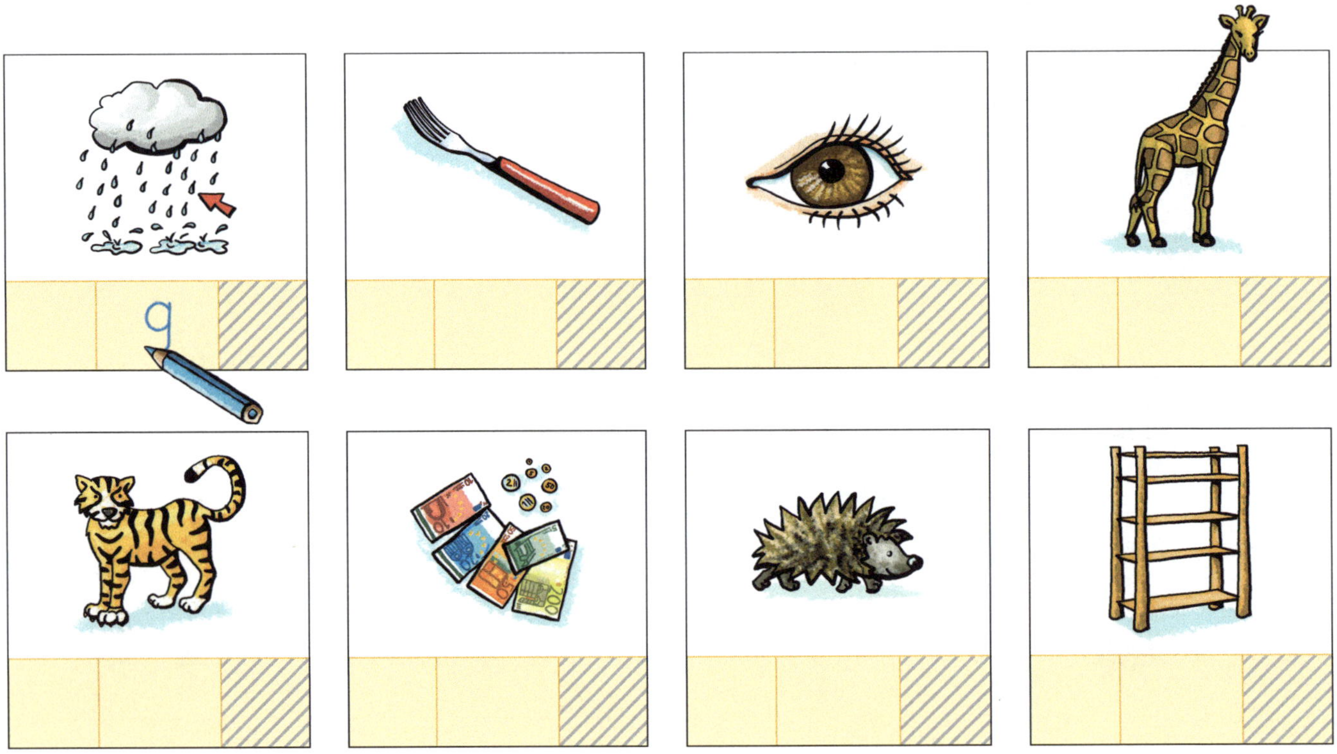

Wörter mit dem G/g-Laut einkreisen;
Stellung des G/g-Lautes abhören (Anlaut, Inlaut)

G g

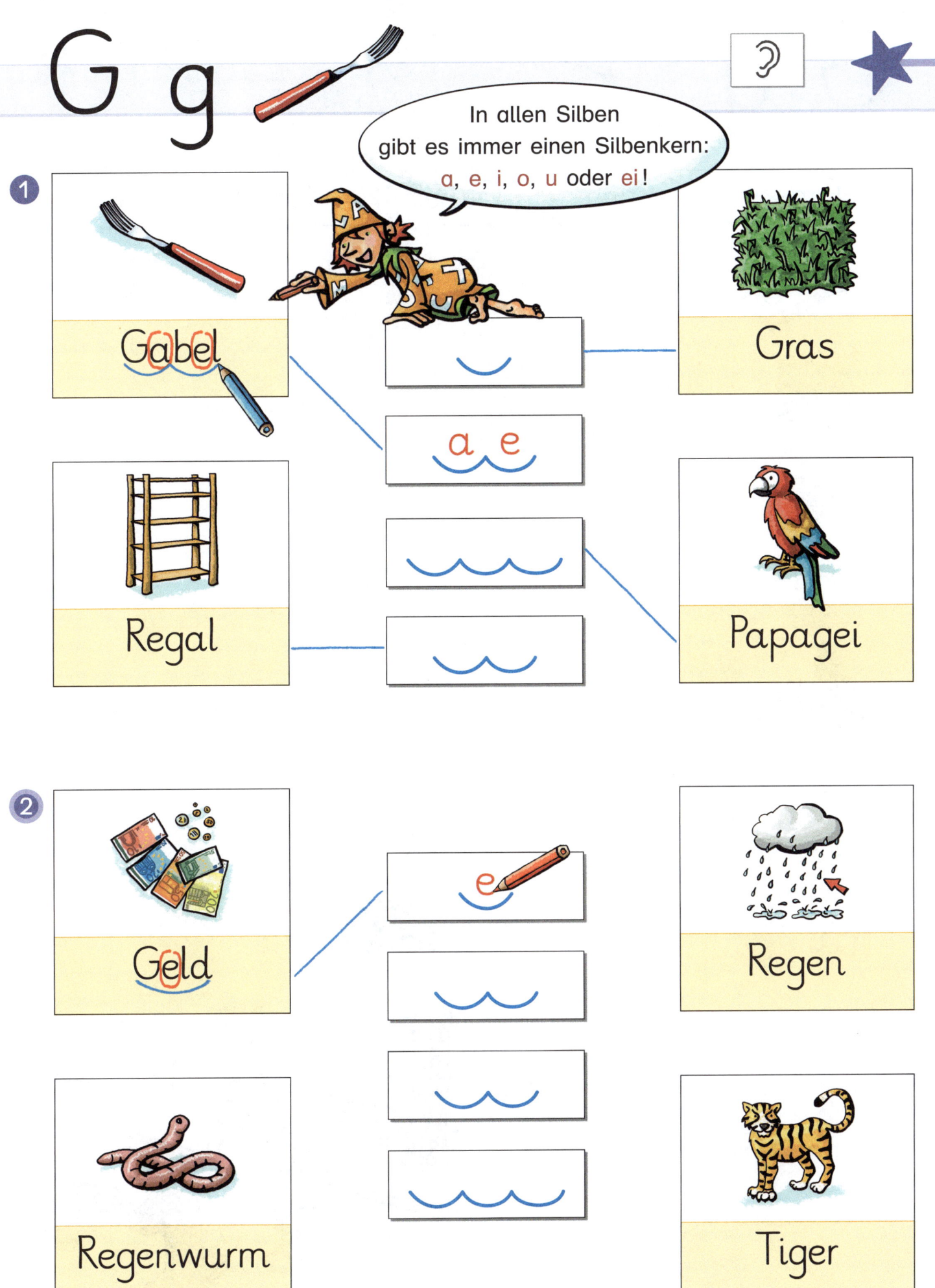

In allen Silben gibt es immer einen Silbenkern: a, e, i, o, u oder ei!

1

Gabel

Gras

a e

Regal

Papagei

2

Geld

e

Regen

Regenwurm

Tiger

Silbenbögen einzeichnen, Vokale einkreisen und eintragen;
mit den passenden Silbenbögen verbinden

G g

1 | Gras | Garten | ~~Gabel~~ | Regen | Geld |

Gabel Gabel

2  Geist

3

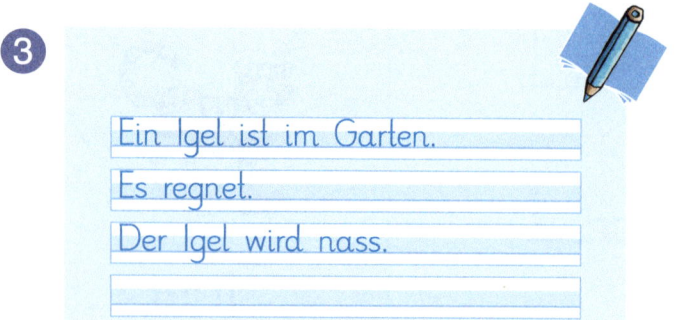

Ein Igel ist im Garten.
Es regnet.
Der Igel wird nass.

Es regnet.

6

passende Wörter zuordnen und schreiben; Bildwörter verschriften;
Sätze abschreiben

G g

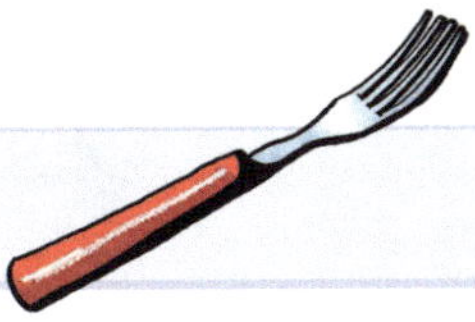

1 Was gibt es im Garten?

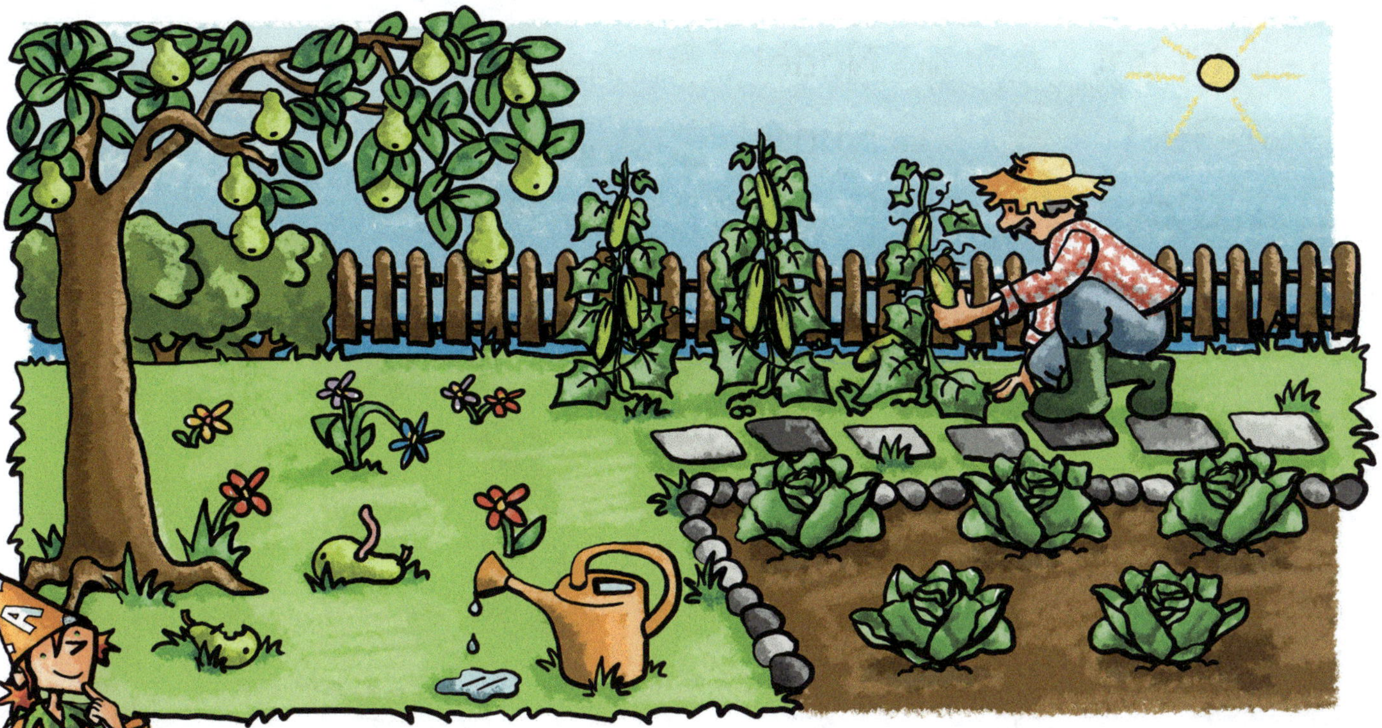

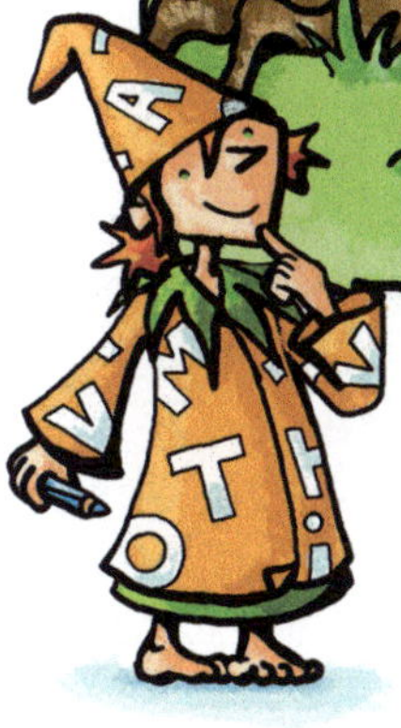

Gras ✕ Blumen ◯ Birnen ◯ Gurken ◯
Geister ◯ Kegel ◯ Geld ◯ Iglus ◯
Gorillas ◯ Giraffen ◯ Tapeten ◯ Salat ◯

2 Im Garten gibt es Gras.

Im

G g

1

eine **Gabel** ◯ eine **Nadel** ◯ eine **Regel** ◯ ein **Garten** ◯

ein **Gast** ◯ eine **Nudel** ◯ ein **Regal** ◯ eine **Gabel** ◯

ein **Glas** ✕ ein **Nagel** ◯ ein **Radio** ◯ eine **Gurke** ◯

2

Nagel

Nad

Gold

Kasse

Leiter

Nabel

Kugel

3

passende Wörter ankreuzen;
Wörter verwandeln und schreiben

G g

1

2

☐1 Im Garten sind bunte Blumen.
Opa gibt ihnen Wasser.

☐2 Es regnet heftig.
Am Himmel ist ein Regenbogen.

☐3 Neben der Wassertonne ist ein Igel.

☐4 Opa erntet im Garten Gurken.
Er hat drei Gurken in den gelben Korb gelegt.

Bildwörter verschriften;
Sätze zuordnen, Bilder vervollständigen

9

G g

1 **Lisas Geburtstag**

Am Samstag hat Lisa Geburtstag.

Lisa wird 7 und will Kinder einladen.

Alle sollen mit ihr ab 15 Uhr im Garten feiern.

Papa will grillen und es soll Eis geben.

Mama hat Laternen und Girlanden besorgt.

Lesepate:

2 Lisa bastelt eine besondere Karte:

An Tom

Hallo Tom ,

wir feiern meinen 7. G_____.

Bitte komme am _____

ab _____ Uhr.

Wir feiern in unserem _____.

Mein Papa will _____.

Es gibt _____.

Deine _____

Text lesen, Einladung ergänzen

Au au

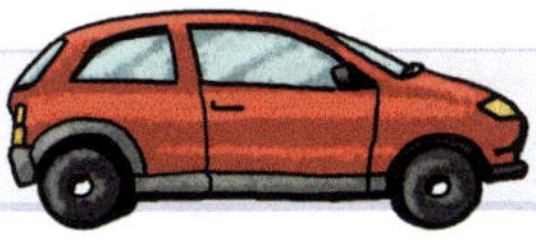

1

A a Au au

Frau   laut

laufen   auf

Aufgabe   Baum

Auge   aus

Auto   blau   Haus   Raupe

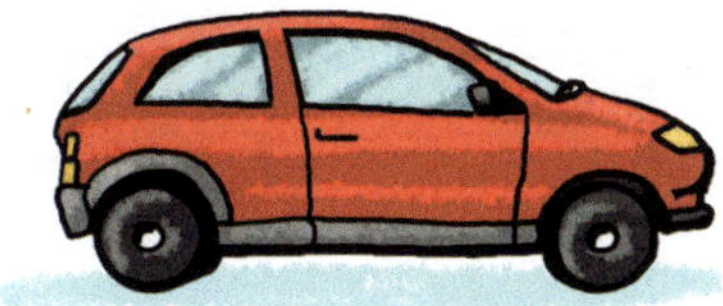

2

Au   Au

au   au

3 Blaukraut bleibt Blaukraut und
Brautkleid bleibt Brautkleid.

Blaukraut
bleibt Blaukraut
und ...

Au au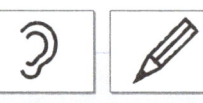

1

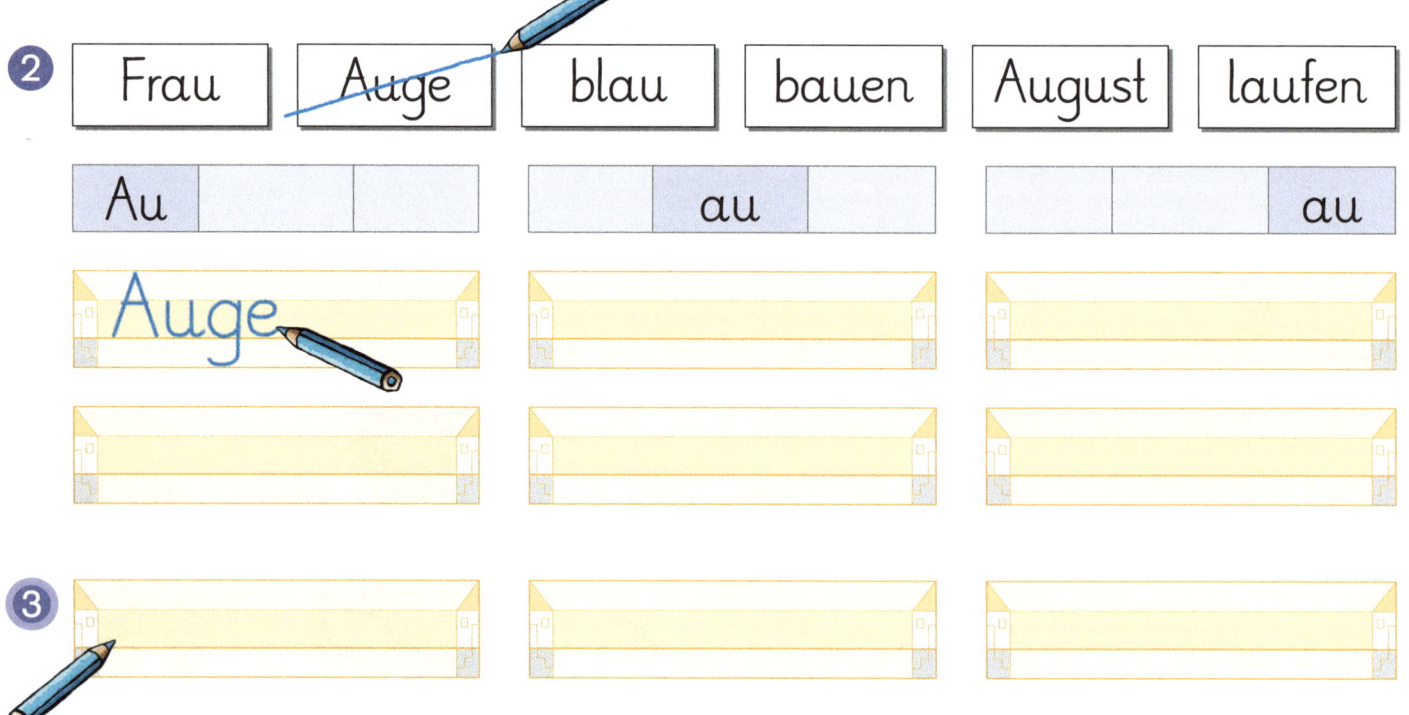

2

| Frau | Auge | blau | bauen | August | laufen |

| Au | | | | au | | | | au |

Auge

3

Wörter mit dem Au/au-Laut einkreisen (Anlaut, Inlaut, Auslaut);
Wörter nach der Stellung des Au/au-Lautes sortieren; eigene Wörter finden und sortieren

Au au

1

Daumen	laufen	Bauernhof
Frau	Gartenhaus	Maus
Aufgabe	blau	kaufen
Autobahn	Raupe	Baum

2

Silbenbögen mit Vokalen einzeichnen;
Wörter nach der Silbenstruktur ordnen

Au au

1 | blau | laufen | Raupe | ~~Auto~~ | braun |

Auto

2

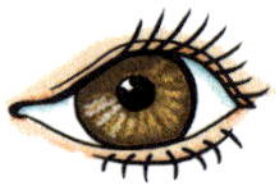

3

Meral hat braune Augen.
Paul hat blaue Augen.
Lauras Augen sind grau.

gelb	blau	braun	rot	grau
			Apfel	Elefant

passende Wörter zuordnen und schreiben; Bildwörter verschriften;
Sätze abschreiben

Au au

1

1 eine graue Burg	**4** ein buntes Kleid
2 ein blauer Ball	**5** eine braune Maus
3 eine gelbe Tasse	**6** ein rotes Auto

2

ein blauer Ball

Ziffern zuordnen, Bild mit den passenden Farben anmalen;
Wortgruppen schreiben

Au au

1

Wer oder was ist grau?

Der Elefant ist grau.

Wer oder was ist blau?

Wer oder was ist braun?

Ich sehe etwas. Es ist grau.

Es ist grau. Ist es …?

passende Antworten aufschreiben

Au au

1

Raum	Frau		Taube	Bauer
Haus	Baum		Mauer	Kraut
Pfau	Maus		Haut	Laube

laufen	hauen		blau	fein
lauern	kaufen		klein	grau
bauen	mauern		alt	kalt

2

raufen

Laube

3

Maus

Laus

Reimwörter verbinden;
Wörter verwandeln und schreiben

 **17**

Au au

1 Das Baumhaus

Lisa hat ein besonderes Haus.

Es ist auf einem Baum.

Es ist ein Baumhaus.

Man kommt nur

an einem Seil hinauf.

Aber das ist kein Problem,

denn Lisa kann sehr gut klettern.

Oft kommen andere Kinder.

Dann toben alle oder

bauen am Haus weiter.

2 Eines Morgens kommen

Lisa und Tim in den Garten.

Das Seil ist weg!

Nun kommt keiner mehr hinauf.

Lisa ist traurig.

Aber Tim hat eine Idee.

Lesepate:

Er

18

Sch sch

1 Sch

Schule

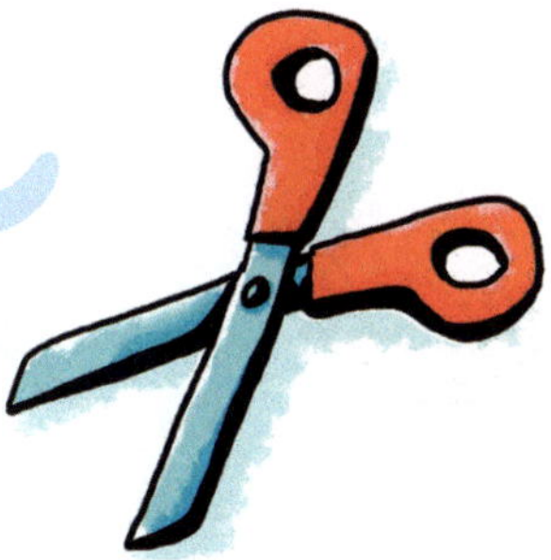

Schaf

Schere

schlafen

Tisch

schnell

schon

waschen

sch

schreiben

frisch

2 Sch Sch

sch sch

3 Der Fischer fischt frische Fische.

Frische Fische fischt der Fischer.

Sch/sch nachspuren; Sch/sch schreiben;
sch in den Sätzen einkreisen, Zungenbrecher sprechen

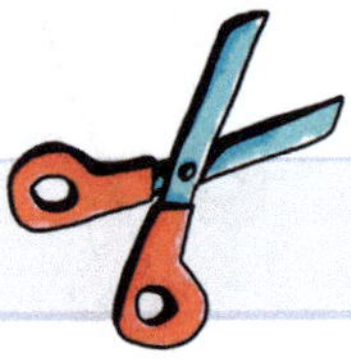

1

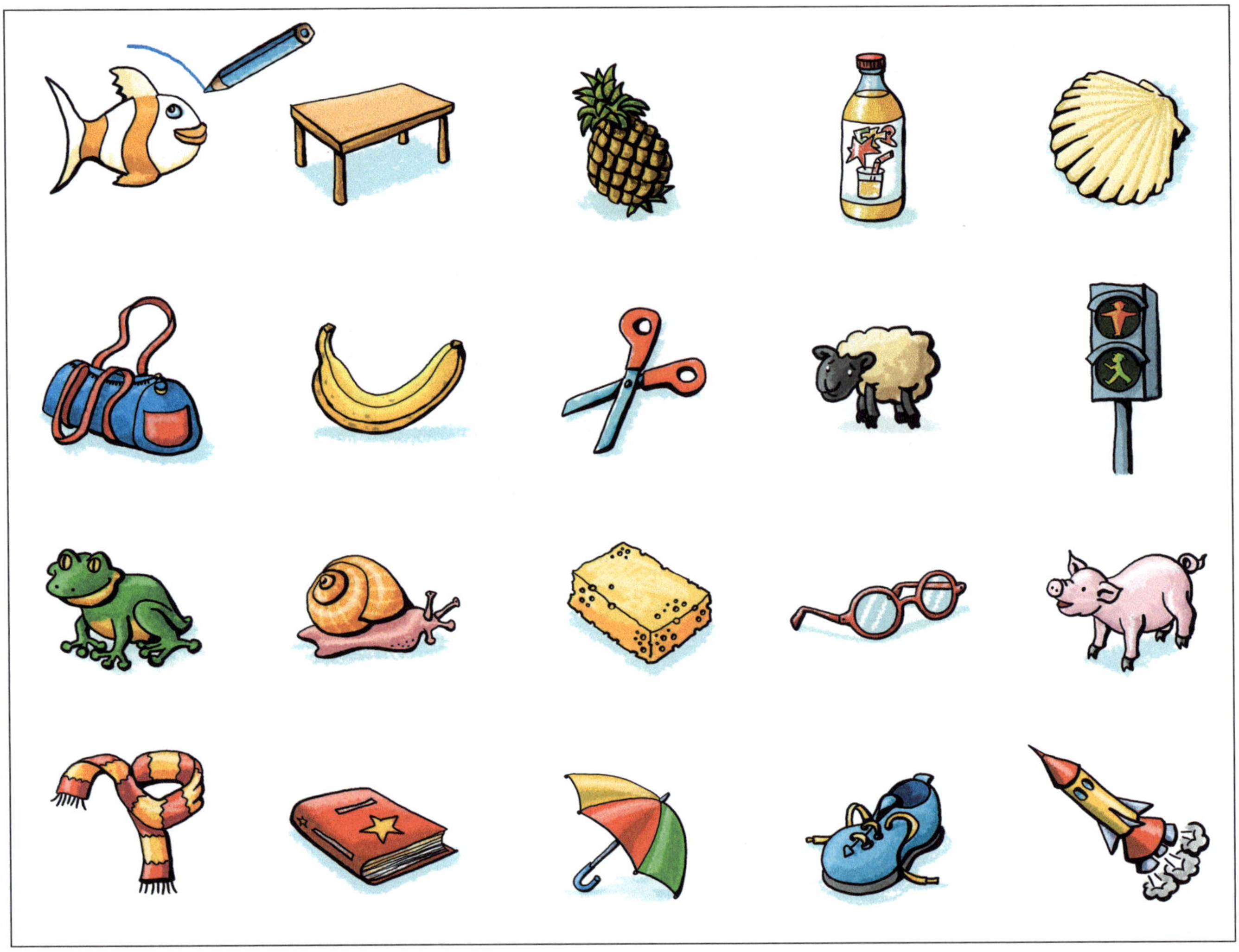

2 | Schule | Tisch | Tasche | frisch | Schaf | waschen |

| Sch | | | | sch | | | | sch |

Schule

3

Wörter mit dem Sch/sch-Laut einkreisen (Anlaut, Inlaut, Auslaut);
Wörter nach der Stellung des Sch/sch-Lautes sortieren; eigene Wörter finden und sortieren

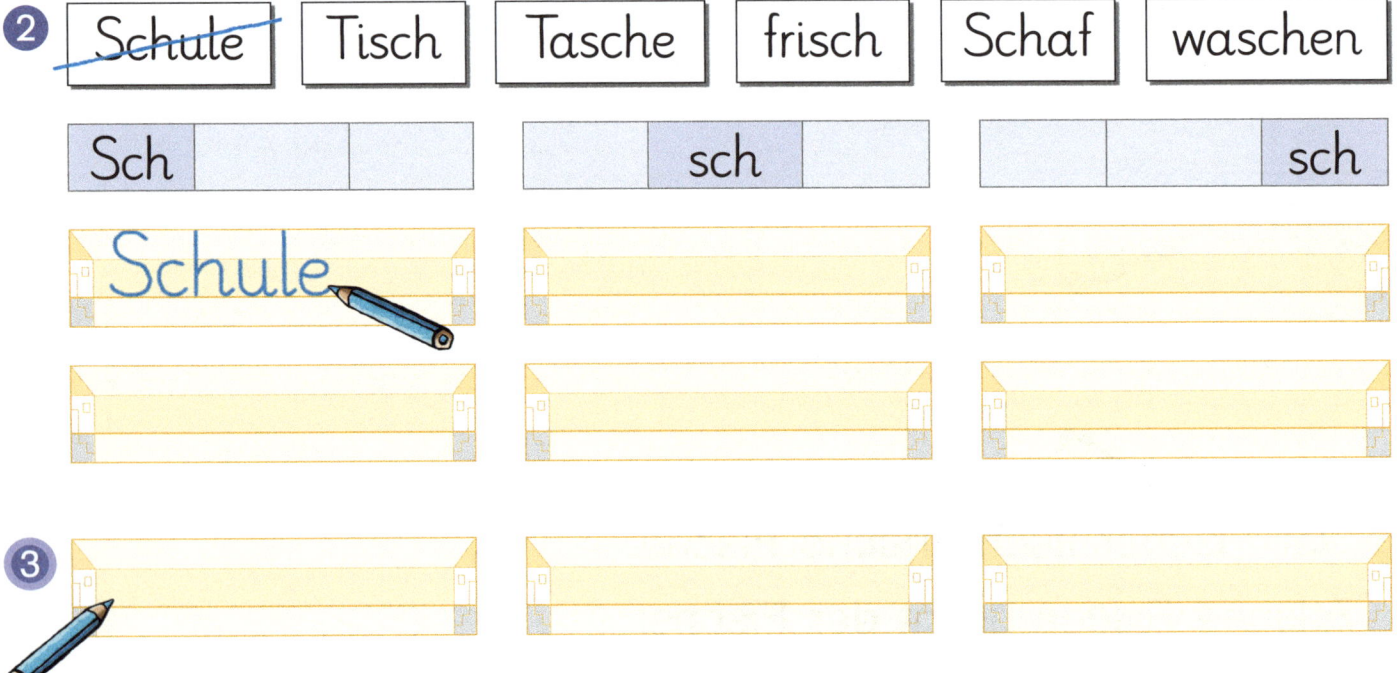

Sch sch

1

schlafen 	Tisch	Regenschirm
Schule	Schere	Segelschiff
abwaschen	Fisch	schnell
Handtasche	Schaf	Tasche

2

Sch sch

1 | Schule | schlafen | schreiben | Schere | schwimmen |

Schule

2

3

Leon malt ein Schaf.
Er holt eine Schere.
Dann schneidet er es aus.

Gutschein einmal wischen

Gutschein einmal abwaschen

Gutschein einmal einkaufen

passende Wörter zuordnen und schreiben; Bildwörter verschriften;
Sätze abschreiben

Sch sch

1

Ein Kind schreibt Schokolade an eine Tafel. ◯

Ein Kind nascht eine Tafel Schokolade. ⊗

Tim rutscht schnell herunter. ◯

Tim rutscht schnell herauf. ◯

In der Schule schreiben alle Kinder. ◯

In der Schule schreien alle Kinder. ◯

2

| schnei |
| schau |

en

schneien

| wa |
| rut |

| schla |
| ru |

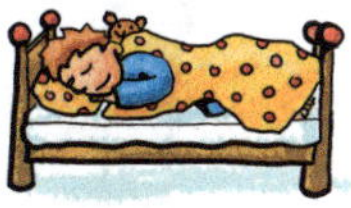

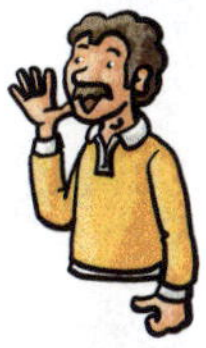

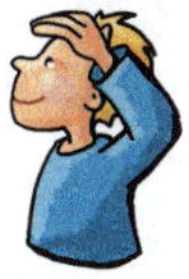

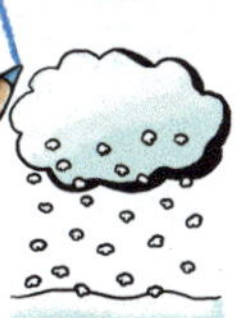

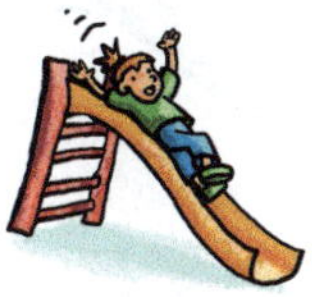

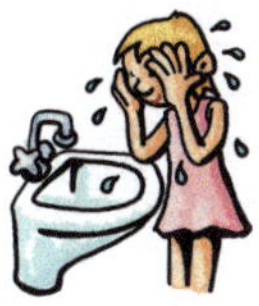

Sch sch

1 **Im Sommer**

Im Sommer | schneit | | scheint | oft die Sonne.

Dann | schimpfen | | essen | wir im Garten.

Wir grillen | Fleisch und Fische | | Fotos und Tische | .

Papa legt alle | Schuhe | | Flaschen | auf Eis.

Schreibe etwas zum Garten!

2

24

Sch sch

1

ein **Schaf** ◯   ein **Frosch** ◯   ein **Hirsch** ◯

eine **Schale** ◯   eine **Flasche** ◯   ein **Tisch** ◯

ein **Schal** ✕   eine **Tasche** ◯   ein **Fisch** ◯

eine **Schere** ◯   ein **Schirm** ◯   ein **Schwan** ◯

eine **Schaufel** ◯   ein **Schild** ◯   ein **Schwamm** ◯

eine **Schule** ◯   ein **Schiff** ◯   ein **Schwein** ◯

2 Wer oder was kann schwimmen?

| ein Schwan | eine Schaufel | ein Fisch | ein Hund |

| ein Schlitten | ein Tisch | ein Wal |

Ein Schwan kann schwimmen.

Ein

Sch sch

1 **In der Schule**

Die Kinder haben Freiarbeit.

Lisa hat eine Idee.

Tim soll eine Aufgabe bekommen.

Lisa malt eine Hand und einen Schuh.

Lisa fragt Tim: „Was ist das?"

„Oh, das ist aber schwer", sagt Tim.

„Gib mir bitte einen Tipp."

Lisa schreibt *Hand* und *Schuh* darunter.

Und schon hat Tim es erraten.

„Handschuh!", ruft er schnell.

„Warte, Lisa, nun bist du dran."

2 Tim malt Schnee und einen Mann.

Tim fragt Lisa: „Was ist das?"

Lisa schreibt und malt:

Lesepate:

Schnee _____

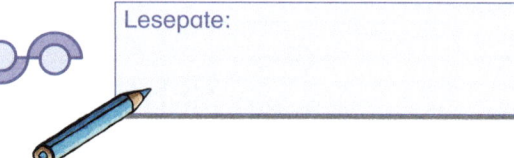

_____

Text lesen, Aufgaben lösen

ie

1

lieben

nie

Tier

Brief

Wiese

sieben

sie

Biene

fliegen

die

liegen

Riese

2

ie   ie

3 Sieben liebe Riesen niesen.

Ob sie wieder Schnupfen kriegen?

ie nachspuren; ie schreiben;
ie in den Sätzen einkreisen, Zungenbrecher sprechen

ie

1

Nomen erkennst du am **Artikel:** der die das

| Riese | Biene | Tier | Dieb | Fliege |

| Wiese | Sieb | Brief | Lied |

der	die	das
der Riese		

2

| die Flie / die Wie | ge | die Fliege |

| der Rie / die Wie | | |

| die Die / die Sie | | |

Nomen nach dem Artikel ordnen;
Silben verbinden

1 | Wiese | Papier | ~~Tier~~ | Fliege | Knie |

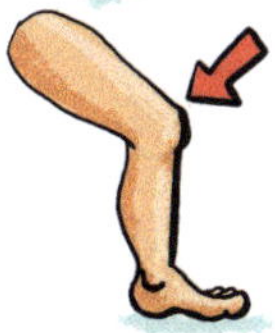

2

Tier

Bie

7

3

Mia holt Papier.
Sie schreibt einen Brief.
Am Dienstag ist er bei Oma.

Briefkasten

Lieber Tom,
Es tut mir leid was ich gesagt habe.
Paul

Liebe Lea,
willst du neben mir sitzen?
Lars

passende Wörter zuordnen und schreiben; Bildwörter verschriften;
Sätze abschreiben

ie

① Briefe

Liebe Oma,

wie geht es dir?
Mir geht es gut.
Wir haben bald
Ferien und fahren
in den Urlaub.

Deine Lisa

Liebe Tante Paula,

in Papas Bett waren gestern Ameisen.
Wir haben sie alle rausgeholt und
auf die Wiese getragen.

Dein Tim

Lieber Nasim,
wir haben gestern einen Hund
aus dem Tierheim geholt.
Sein Name ist Bepo.
Er ist sehr lieb.
Sein Fell ist braun.
Er hat ein rotes Halsband.

Deine Anne

Lisa Ammer
Erlenweg 6
71155 Altdorf

62

An
Else Ammer
Wassergasse 2
10179 Berlin

Lesepate:

② Wer will bald in den Urlaub?

Oma 〇   Lisa 〇   Anne 〇

Wer hatte Ameisen im Bett?

Tims Papa 〇   Tante Paula 〇   Bepo 〇

③ Schreibe einen Brief.

An wen willst du schreiben?

Briefe lesen, Fragen beantworten;
selbst einen Brief schreiben

Z z

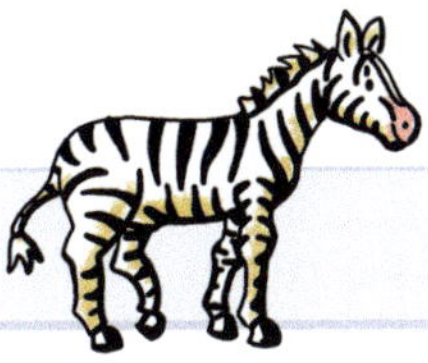

1

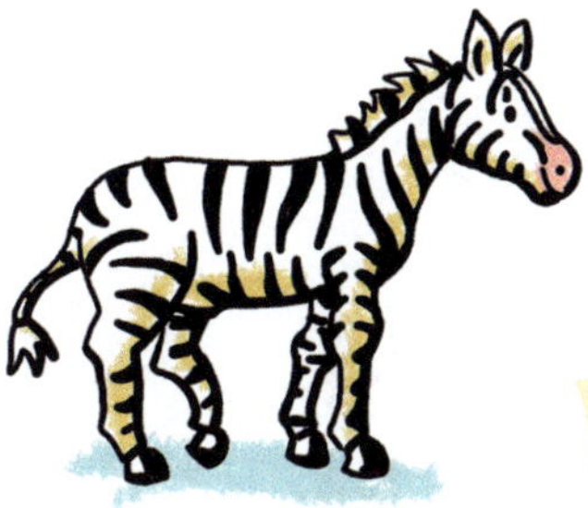

zeigen

zehn

Zahn

Wurzel   zwei

zart

Zeit   zu

Salz   schwarz

Zahl

Ziege   Pflanze

2

3 Zwischen zwei Zwetschgenzweigen
zwitschern zwei Zeisige.

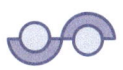

Z z

1

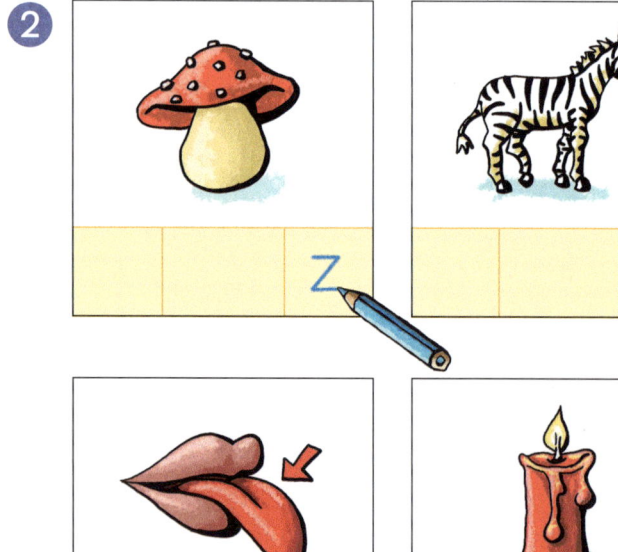

2

Wörter mit dem Z/z-Laut einkreisen;
Stellung des Z/z-Lautes abhören (Anlaut, Inlaut, Auslaut)

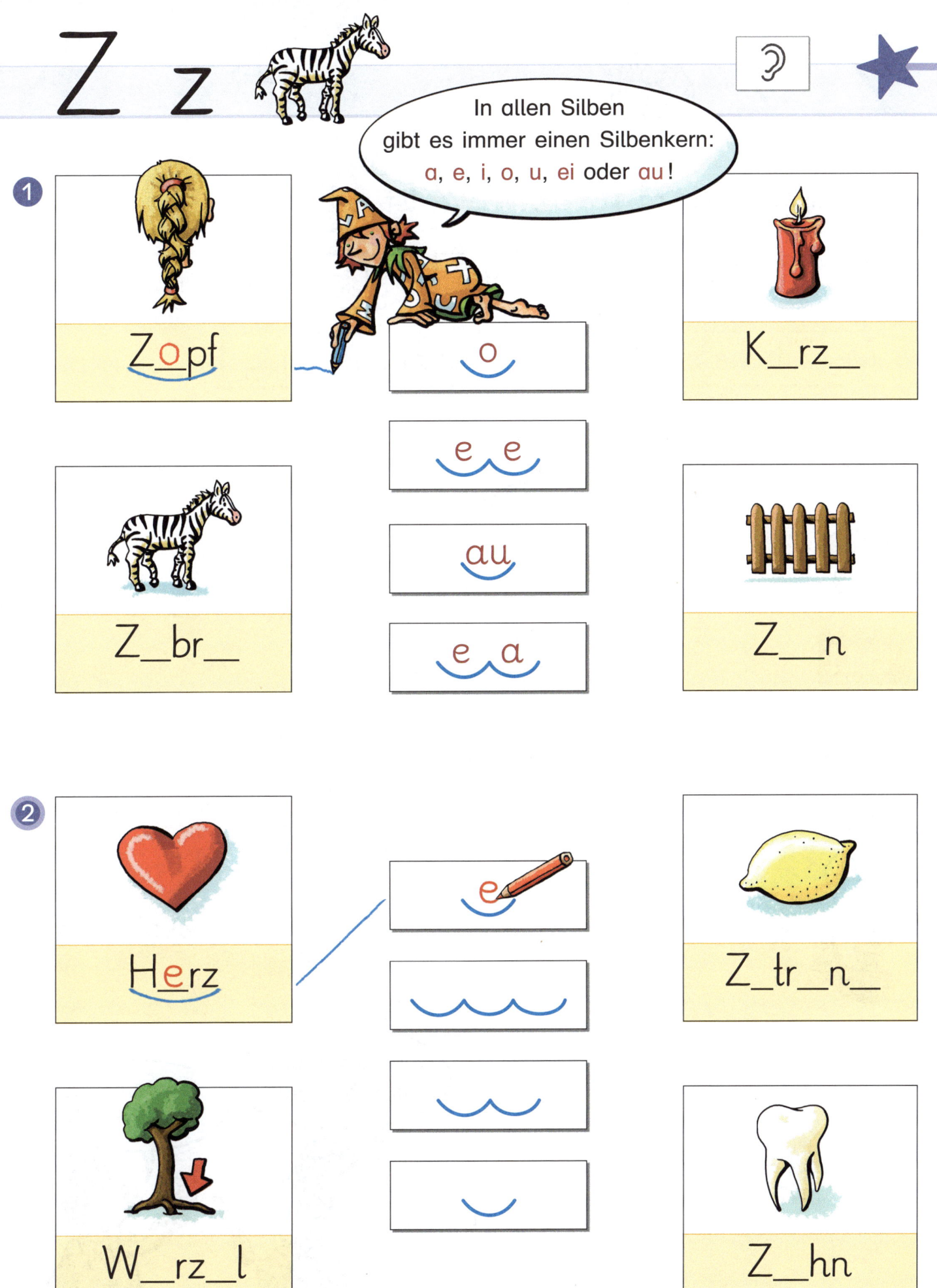

Z z

In allen Silben gibt es immer einen Silbenkern: a, e, i, o, u, ei oder au!

1

Z_o_pf

o

K_rz_

e e

Z_br_

au

e a

Z__n

2

H_e_rz

e

Z_tr_n_

W_rz_l

Z_hn

Vokale eintragen;
Silbenbögen einzeichnen, mit den passenden Silbenbögen verbinden

33

Z z

1

| Die Kerze brennt. | Der Arzt ist nett. |

Der Zaun ist braun.　　Der Zauberer zaubert.

Die Zitrone ist sauer.　　Der Pilz ist giftig.

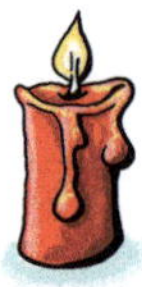

Die Kerze _____

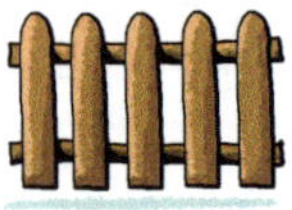

_____

_____

_____

_____

_____

2

Der Zauberer zaubert.
Er zeigt auf seinen Hut.
Zwei Hasen kommen heraus.
_____

Eins, zwei, drei, alles Zauberei!

Hokuspokus, Simsalabim!

passende Sätze zuordnen;
Sätze abschreiben

Z z

1 **Beim Zahnarzt**

Anne muss | zum Zahnarzt | | zum Tanz | .

Ein | Hahn | | Zahn | ist lose.

Annes | Herd | | Herz | klopft.

Der Zahnarzt | liebt | | zieht | den Zahn.

Dann | zeigt | | zaubert | er ihr den Zahn.

Warst du schon mal beim Zahnarzt?

2

Sätze passend ergänzen;
eigene Wörter/Sätze zum Bild schreiben

Z z

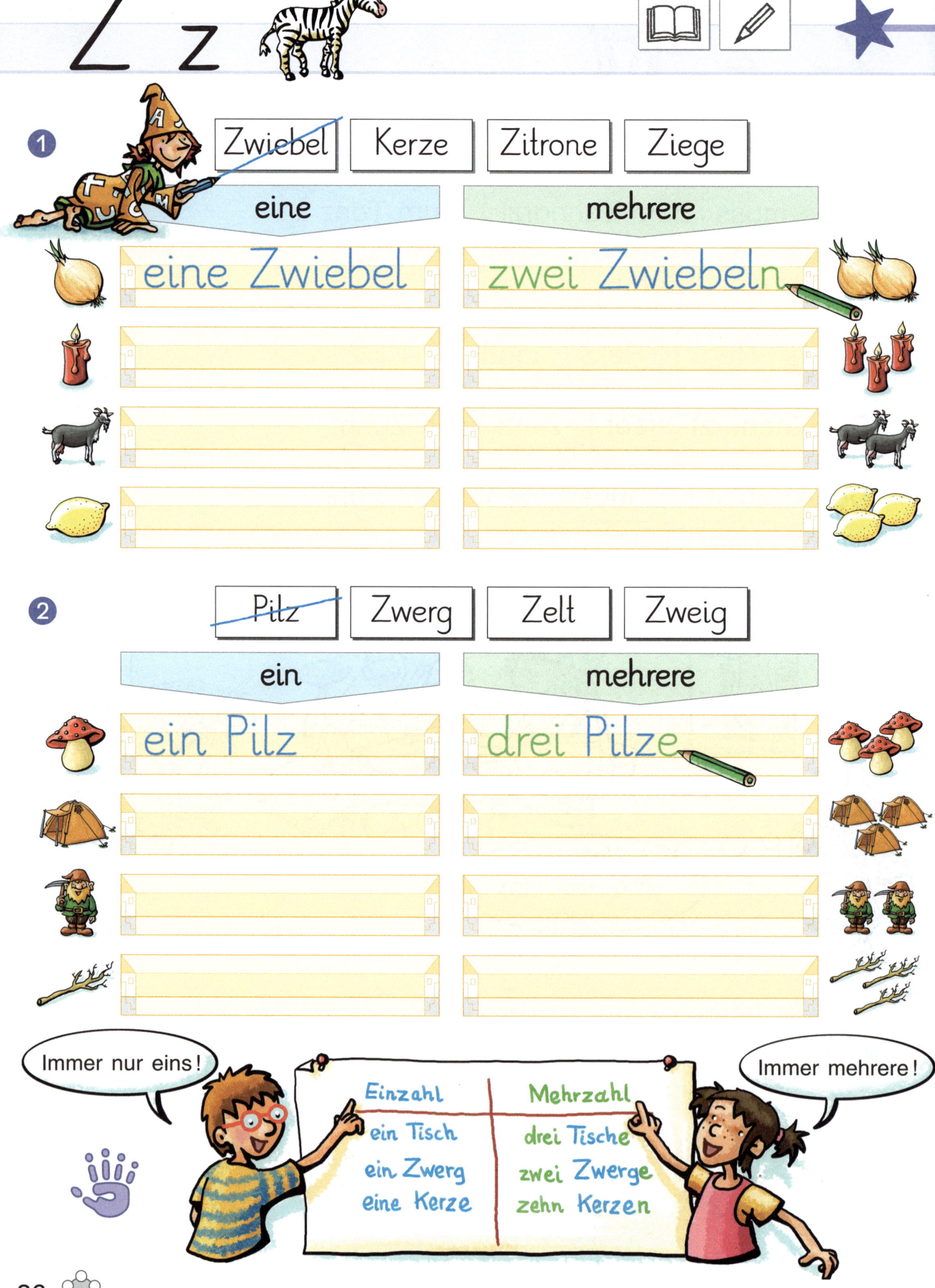

1

| Zwiebel | Kerze | Zitrone | Ziege |

eine | **mehrere**

eine Zwiebel | zwei Zwiebeln

2

| ~~Pilz~~ | Zwerg | Zelt | Zweig |

ein | **mehrere**

ein Pilz | drei Pilze

Immer nur eins!

Einzahl	Mehrzahl
ein Tisch	drei Tische
ein Zwerg	zwei Zwerge
eine Kerze	zehn Kerzen

Immer mehrere!

Wörter passend zuordnen, Mehrzahl bilden

Z z

1

1	ein schwarzer Kater	4	ein gelber Zahn
2	eine bunte Kugel	5	ein blauer Hut
3	ein brauner Kessel	6	eine rote Kerze

2

eine bunte

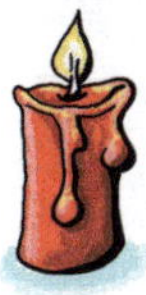

Ziffern zuordnen, Bild mit den passenden Farben anmalen;
Wortgruppen schreiben

Z z

1 kra**tz**en   Sa**tz**   pu**tz**en   Scha**tz**   Pla**tz**   Ne**tz**

putzen

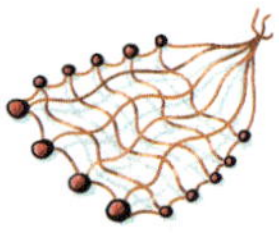

Das ist ein Satz.

2 B

3

Die Katze will	platzen.
Fenster muss man	sitzen.
Tim will neben Lisa	kratzen.
Ein Reifen kann	putzen.

Alles mit **tz** !

Die

passende Wörter zuordnen und Bildwörter verschriften;
passende Satzteile verbinden, Sätze abschreiben

Z z

1 **Was ist das?**

Sie ist gelb und sauer.

Man kann sie auspressen.

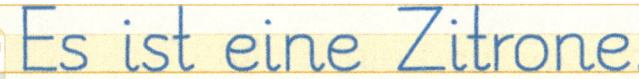
Es ist eine Zitrone.

Er hat Wurzeln, ist aber keine Pflanze.

Er ist in deinem Mund.

Er ist sehr hell.

Du kannst ihn bei einem Gewitter sehen.

Sie ist ein kleines Raubtier.

Sie lebt oft bei Menschen.

Er hat ein Bein und einen Hut.

Man findet ihn oft im Wald.

Du kannst im Freien darin schlafen.

Ein Zirkus benutzt es oft als Haus.

Blitz

Zitrone

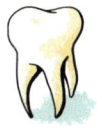
Zahn

Zelt

Katze

Pilz

Rätsel lösen

Z z

1 Witzige Witze

Fragt der Lehrer: „Kannst du mir drei Tiere nennen, die in Afrika leben?"

Antwortet Hanna: „Zwei Zebras und ein Elefant."

Fritz ist beim Arzt.

Arzt: „Na, wie alt bist du?"

Fritz: „Zehn!"

Arzt: „Und was willst du mal werden?"

Fritz: „Elf!"

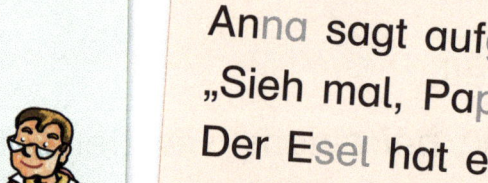

Die kleine Anna ist mit ihrem Papa im Zirkus. Gerade tritt ein Zebra auf.

Anna sagt aufgeregt: „Sieh mal, Papa! Der Esel hat einen lustigen Schlafanzug an!"

Was ist dein Lieblingswitz?

Das ist mein Lieblingswitz …

Trifft ein Floh einen anderen Floh. Beide wollen zum Bahnhof.

Sagt der eine: „Sollen wir laufen oder nehmen wir einen Hund?"

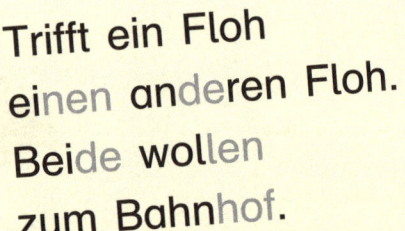

 Lesepate:

Witze lesen und vortragen

Eu eu

1

heulen Euro

Leute Heu

freuen neu

teuer Eule heute

Freund

2

Eu Eu

eu eu

3 Neun Eulen heulen heute in der Scheune.

Eu eu

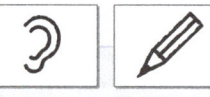 

1

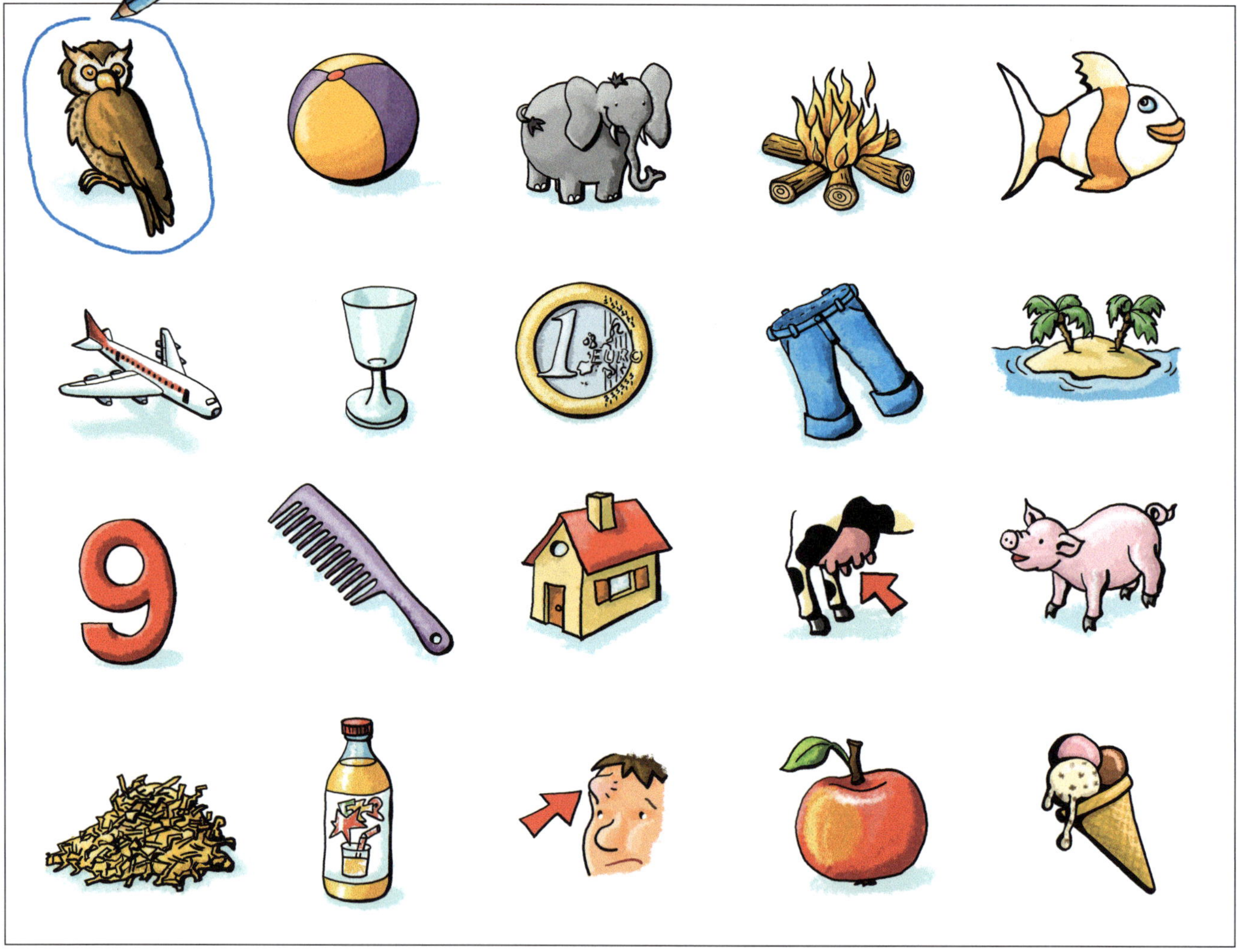

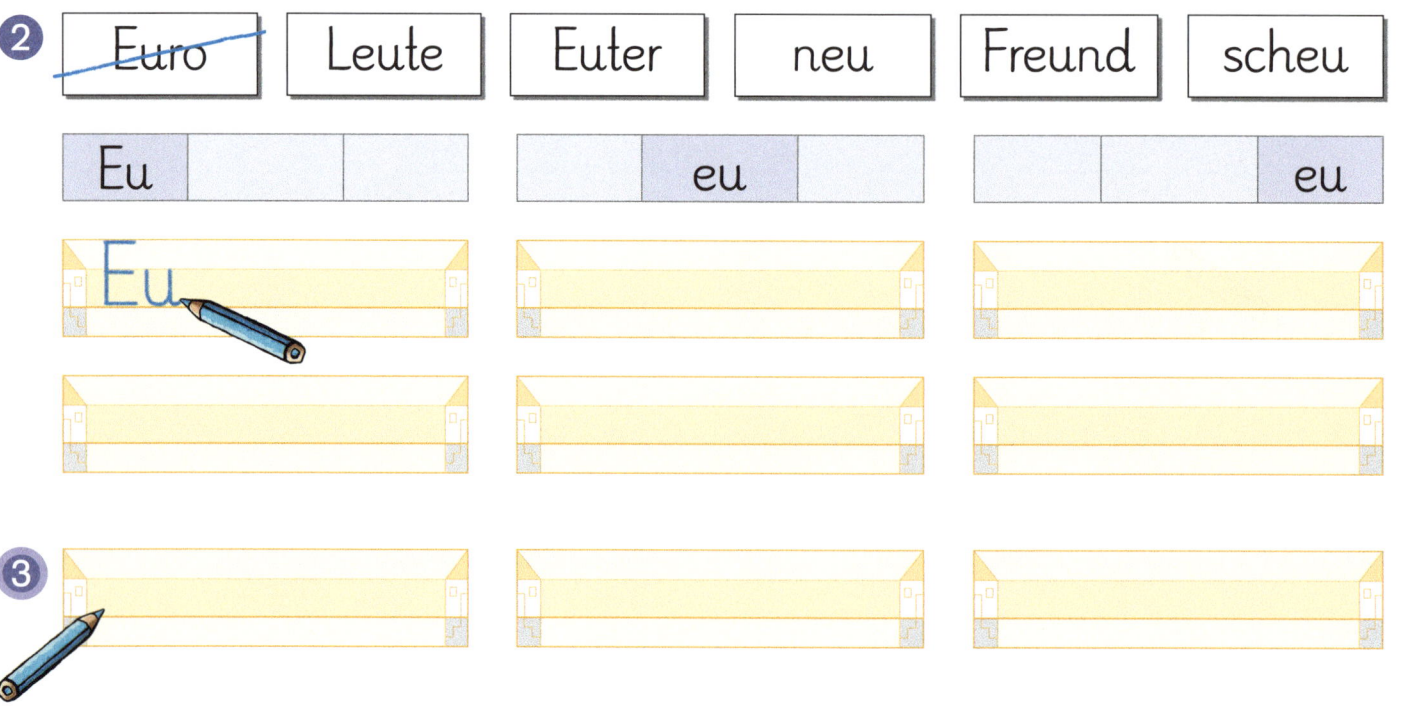

2 Euro Leute Euter neu Freund scheu

| Eu | | | | eu | | | | eu |

Eu

3

Wörter mit dem Eu/eu-Laut einkreisen; Wörter nach der Stellung des Eu/eu-Lautes
sortieren (Anlaut, Inlaut, Auslaut), eigene Wörter finden und sortieren

Eu eu

1

n<u>eu</u> **eu**	Euro	Scheunentor
Feuerholz	Freund	heute
Heu	Eule	Heuschnupfen
Leute	Eulennest	scheu

2

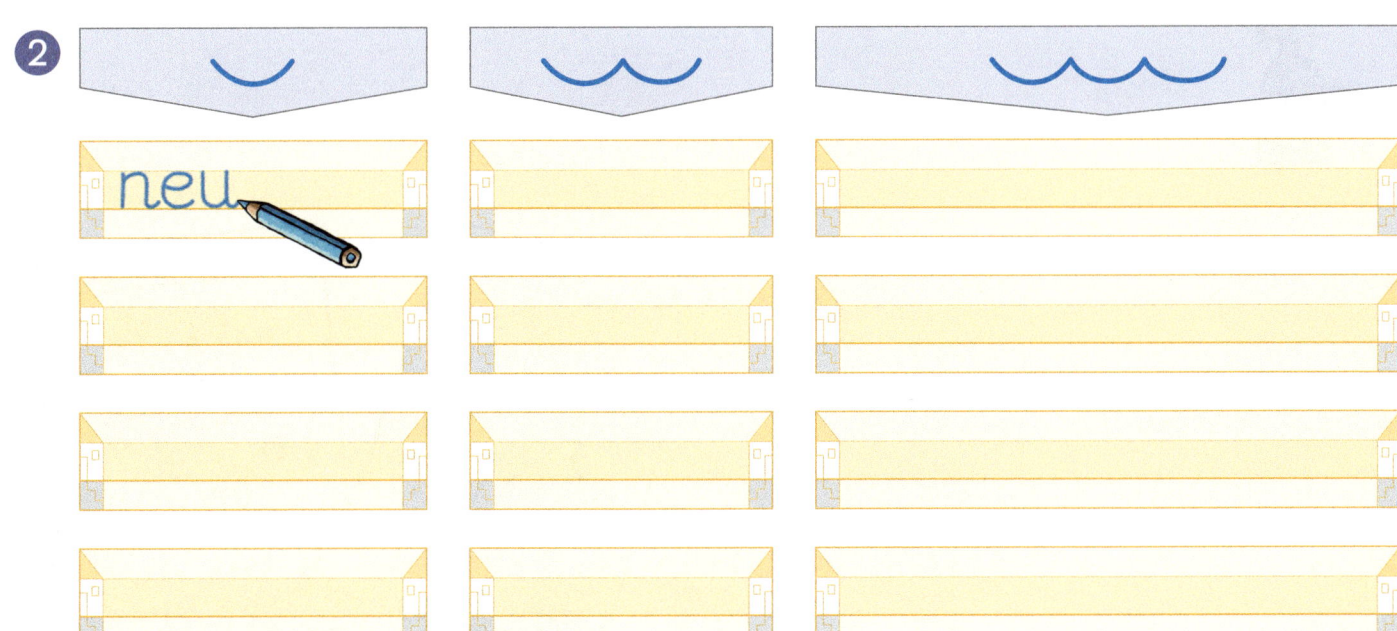

Silbenbögen mit Vokalen einzeichnen;
Wörter nach der Anzahl der Silben ordnen

Eu eu

1 | Lisa hat eine Beule. | | Tim heult laut. |

| Das sind neun Euro. | | Im Ofen brennt Feuer. |

| Das Flugzeug landet. | | Lisa mag ihre Freundin. |

Lisa

2

Lisa hat eine neue Freundin.
Sie ist neun.
Heute darf sie bei ihr schlafen.

Mein Freund
lacht immer
nett
klug
kann gut
Gitarre spielen

Meine Freundin
mutig witzig
lieb
kann sehr
schnell rollen

 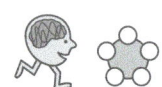
passende Sätze zuordnen;
Sätze abschreiben

Eu eu

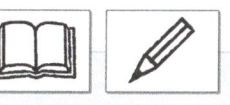 

1

laut	bleiben	heute	neu	blau

nein	leise	kaufen	neun

au	ei	eu
laut		

2 **au**, **ei** oder **eu**?

Bein   B__m   F__er   M__s

S__l   Z__n   B__le   Pf__l

H__   H__s   Kl__d   n__n

Eu eu

1

2

1 Der Beutel kippt um.

Neun gelbe Murmeln fallen heraus.

2 Die Eule ist braun.

Hinter ihr kann man den Mond sehen.

3 Nils hat einen Unfall.

Er muss heulen.

4 Neben der Scheune liegt Heu.

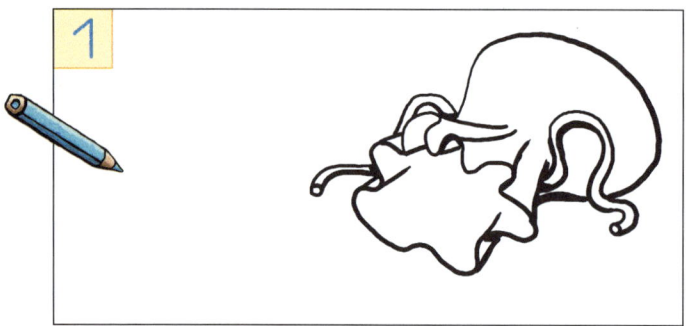

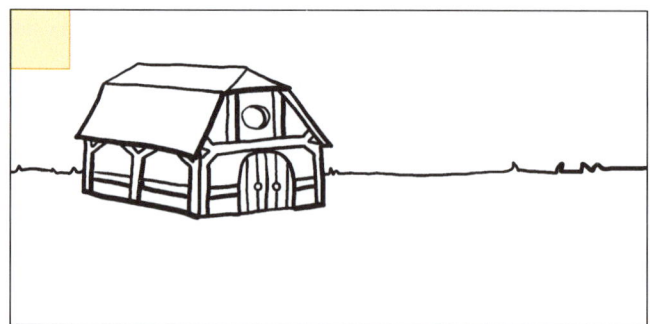

Bildwörter verschriften;
Sätze zuordnen, Bilder vervollständigen

Eu eu

1 **Feuer!**

| Scheune | neue | Feuerwehr | ~~Feuer~~ |

Bei uns gab es gestern ein _____ .

Ein Blitz schlug in die _____ ein.

Schnell musste die _____ kommen.

Nun muss eine _____ Scheune gebaut werden.

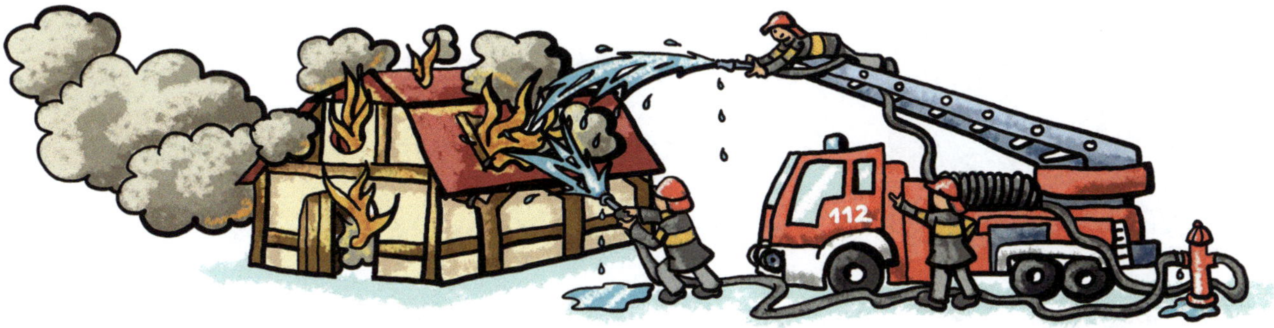

2 Was gab es gestern?

Warum brannte die Scheune?

Wer musste schnell kommen?

Eu eu

1 **Die Feuerwehr**

Die Feuerwehr kommt,

wenn Menschen oder Tiere in Not sind.

Man kann sie anrufen,

wenn es brennt,

wenn ein Unfall passiert ist oder

wenn Tiere gerettet werden sollen.

2

Du darfst die Feuerwehr rufen, wenn:

- du ein Feuer siehst,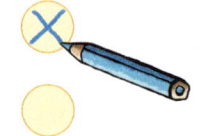
- du kein Pausenbrot hast,
- eine Katze in Not ist,
- du telefonieren willst,
- du einen Unfall siehst.

3 **Der Notruf der Feuerwehr ist 112.**

Das muss die Feuerwehr wissen:

Wer ruft an?

Was ist passiert?

Wo ist es passiert?

Wem ist etwas passiert?

Dann wartet man am Telefon

auf Fragen.

Hallo!
Mein Name ist …

Guten Tag,
hier ist die
Feuerwehr.

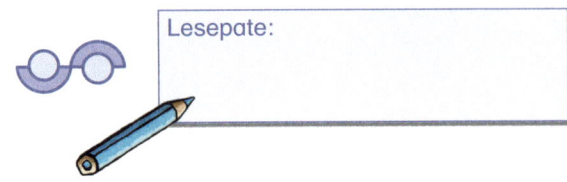

Lesepate:

Text lesen; richtige Antwort ankreuzen;
einen Notruf bei der Feuerwehr üben

Ch ch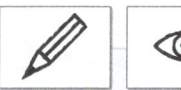

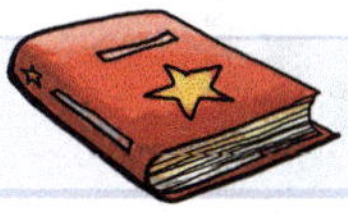

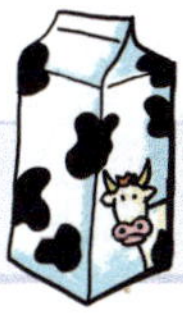

1

Ch

Buch   China

Milch   hoch

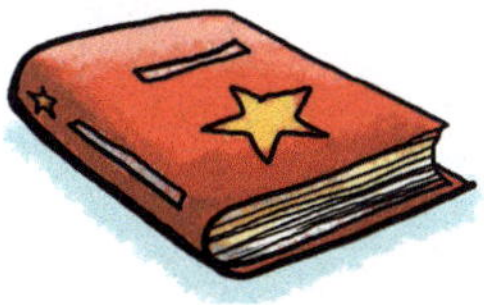

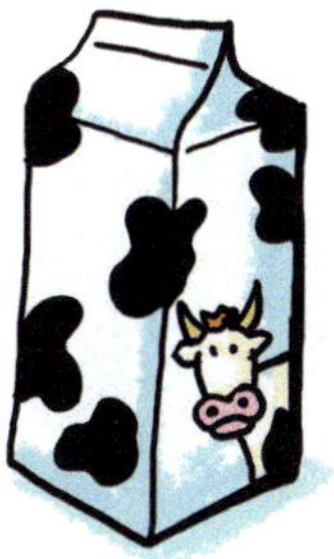

acht

rechnen   nicht

lachen ch   ich

2

Ch

ch

3 Micha kichert und lacht.
Er macht auch gern Krach.

Ch ch

1 **Ch** wie in **Ch**or  oder
ch wie in Bu**ch** ?

Achtung:
Beginnt ein Wort mit **Ch**,
sagen wir oft **K**!

> brau**ch**en **Ch**or Woche acht Chiara
> nach Christbaum hoch Chaos Dach

2 **ch** wie in Bu**ch** oder **ch** wie in Mil**ch** ?

> Be**ch**er ma**ch**en ich Bauch Licht
> suchen leicht rechnen dich lachen

3

Bauch	Dach	lachen	riechen
Krach	Rauch	kriechen	tauchen
Buch	Tuch	brauchen	machen

Knochen	Loch	sich	dicht
Bach	Wochen	nicht	noch
Koch	Dach	doch	mich

 Lautqualitäten des Ch/ch-Lautes unterscheiden;
Reime verbinden

Ch ch

1

B_u_ch
⌣

K__ch__n

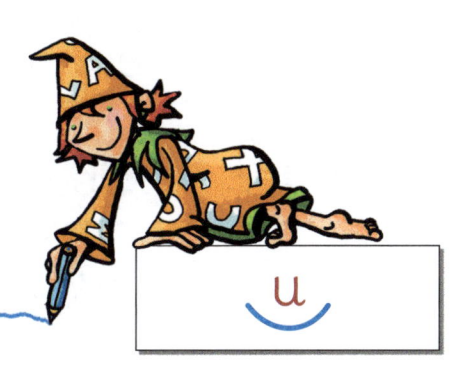

⌣u

⌣a e

⌣e e

⌣u e

Dr__ch__n

B__ch__r

2

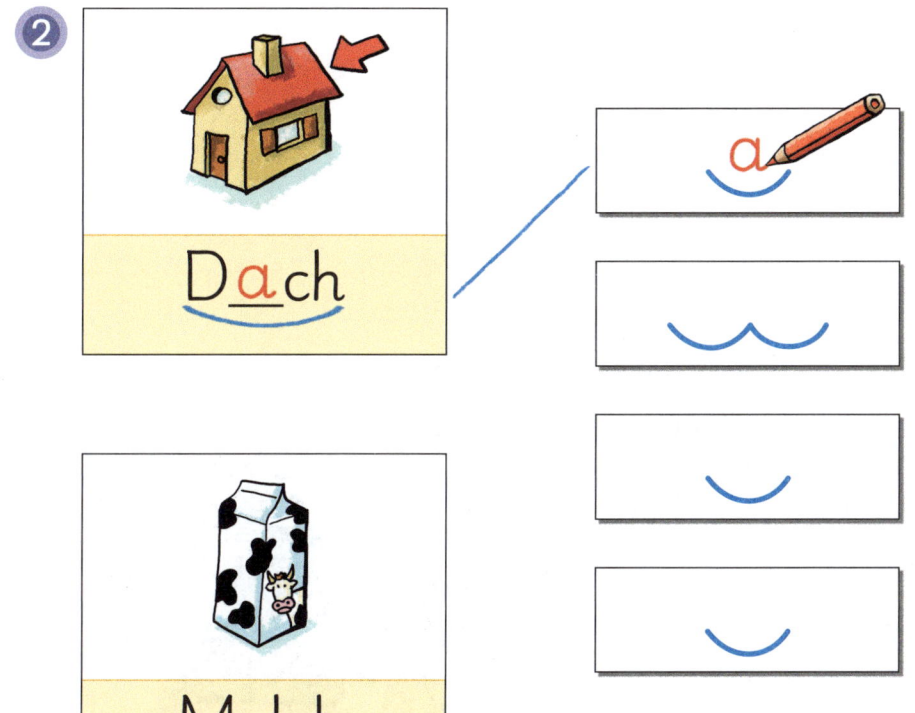

D_a_ch
⌣

M_lch

⌣a

⌣

⌣

⌣

L__ch__r

K__ch

Vokale eintragen;
Silbenbögen einzeichnen, mit den passenden Silbenbögen verbinden

51

Ch ch

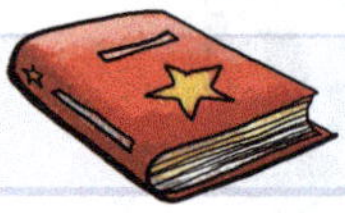

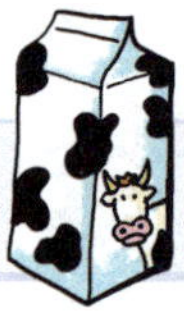

1 | ~~Lisa lacht laut.~~ | | Chiara liest ein Buch. |

| Mama schnarcht. | | Opa kocht Suppe. |

| Im Becher ist Saft. | | Tim macht Krach. |

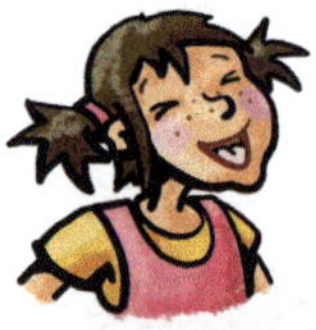

Lisa

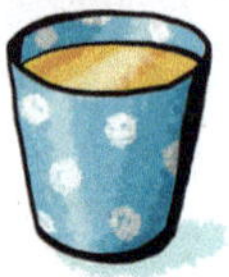

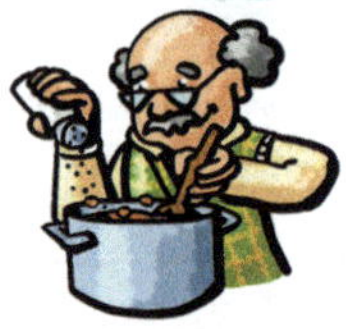

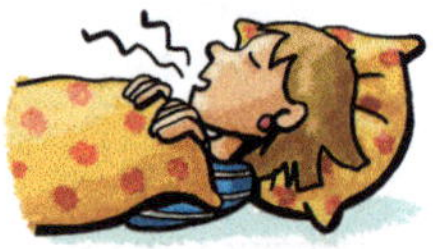

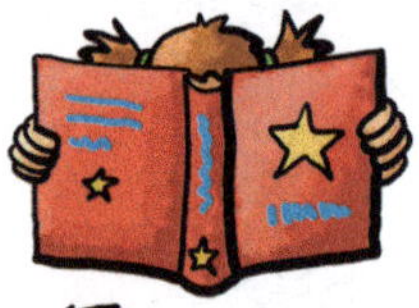

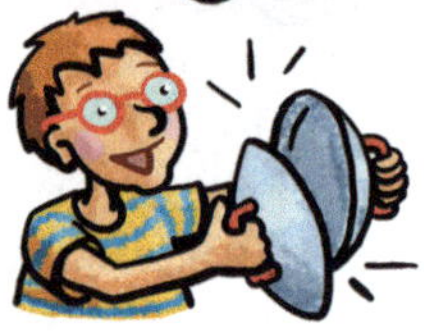

2

Nils und Anne lesen ein Buch.
Sie lachen und kichern.
Es ist ein Buch mit Witzen.

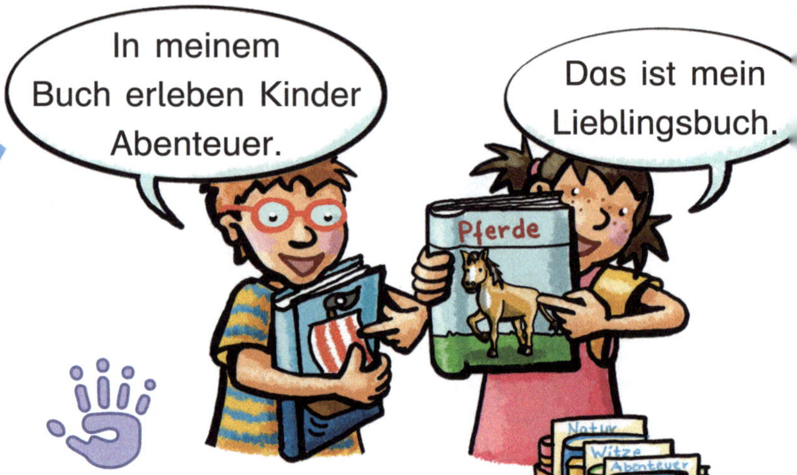

In meinem Buch erleben Kinder Abenteuer.

Das ist mein Lieblingsbuch.

Pferde

passende Sätze zuordnen;
Sätze abschreiben

Ch ch

① In der Nacht

Mama und Papa wachen auf.

Sie kommen in den Flur.

Mama fragt:

„Was ist los, Mia?"

Mitten in der Nacht

wacht Mia auf.

War da etwas? Mia horcht.

Leise schleicht Mia in den Flur.

Ist dahinten nicht ein Monster?

Mia schreit laut auf.

Papa knipst das Licht an.

Nun ist das Monster weg.

Es war nur der Kater.

Ch ch

1 **Was wir in der Schule machen**

manchmal zusammen	manchmal alleine
wir lesen	ich lese
wir rechnen	
wir lachen	
wir schreiben	
wir zeichnen	
wir rennen	

2 **Richtig oder falsch?**

	richtig	falsch
Ich lerne gerne Gedichte.	○	○
Ich mache nie Unsinn.	○	○
Ich schnarche nachts.	○	○
Ich rechne gerne.	○	○
Ich kann hundert Meter tief tauchen.	○	○
Ich kann gut zeichnen.	○	○

Ich lache gern.

passende Verbform bilden;
richtig oder falsch ankreuzen

Ch ch

① Das bin ich

Name: Lisa

Alter: 7

Augenfarbe: braun

Haarfarbe: braun

Geburtstag: 23. April

Das mache ich gerne: Fahrrad fahren, rechnen, lachen

Diese Tiere mag ich: Katzen und Kaninchen

Das mag ich nicht: Husten haben, petzen, Krach

Meine Freunde sind: Tim, Lea, Ali und Anne

② Das bin ich

Name: _____

Alter: _____

Augenfarbe: _____

Haarfarbe: _____

Geburtstag: _____

Das mache ich gerne: _____

Diese Tiere mag ich: _____

Das mag ich nicht: _____

Meine Freunde sind: _____

Steckbrief lesen;
eigenen Steckbrief schreiben

Ch ch

① Anders als du

Ich bin anders als
du bist anders als
er ist anders als sie!

Sie ist anders als
er ist anders als
du bist anders als ich!

Wir, wir, wir sind anders als
ihr, ihr, ihr seid anders als wir.
Na und?
Das macht das Leben eben bunt!

Robert Metcalf

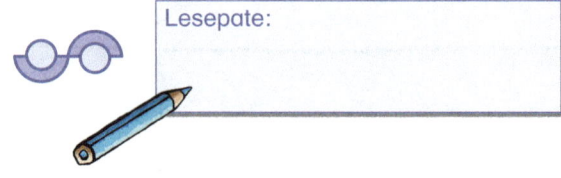

Lesepate:

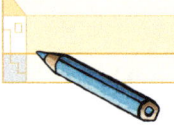

Buon giorno

Merhaba

Guten Tag

Dobar dan

Ni hao

② Aus welchem Land kommen eure Familien?
Tausche dich mit einem Partnerkind aus.

Ich:

Mein Nachbarkind:

Kinder aus meiner Klasse:

Liedtext lesen, Lied ggf. gemeinsam singen (s. Handreichung);
aufschreiben, aus welchen Ländern die Familien der Kinder kommen

Einsterns Schwester 1 Grundschrift

Illustration: Yo Rühmer

Cornelsen

220004382

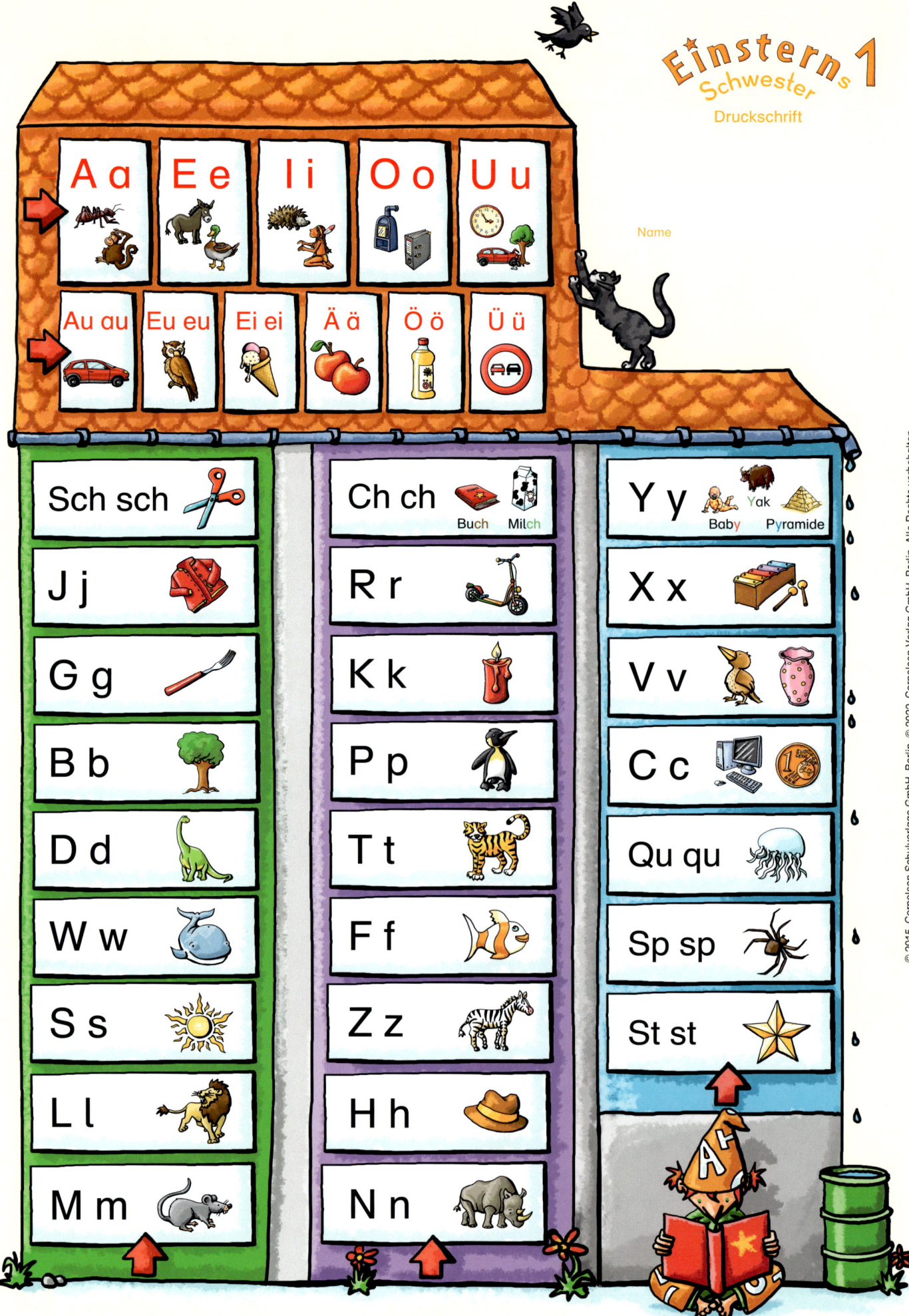

Illustration: Yo Rühmer

Inhaltsverzeichnis

nachspuren,
schreiben, malen

Lola

erkennen

hören

lesen

Feld zum Markieren erledigter Aufgaben

Sp sp

1 Spure **Sp** und **sp** nach.

sparen   Spatz

Spinne   Spagetti

sprechen

Sport

Spiegel

spannend   spielen

2 Schreibe **Sp** und **sp**.

Sp sp   Sp sp

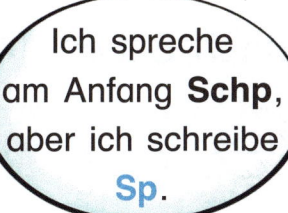

Ich spreche am Anfang **Schp**, aber ich schreibe **Sp**.

Spinne

3 Spure **Sp** und **sp** wie in  **blau** nach.
Spure **sp** wie in 🐝 **nicht** nach.

Spinne   Wespe   Sport   Spiel   lispeln

Knospe   sprechen   Kasper   sparen

Spinat   Spiegel   knuspern   spannend

Sp sp

1 Kreise ein.

2 Ordne nach Silben. Markiere die Silbenkerne.

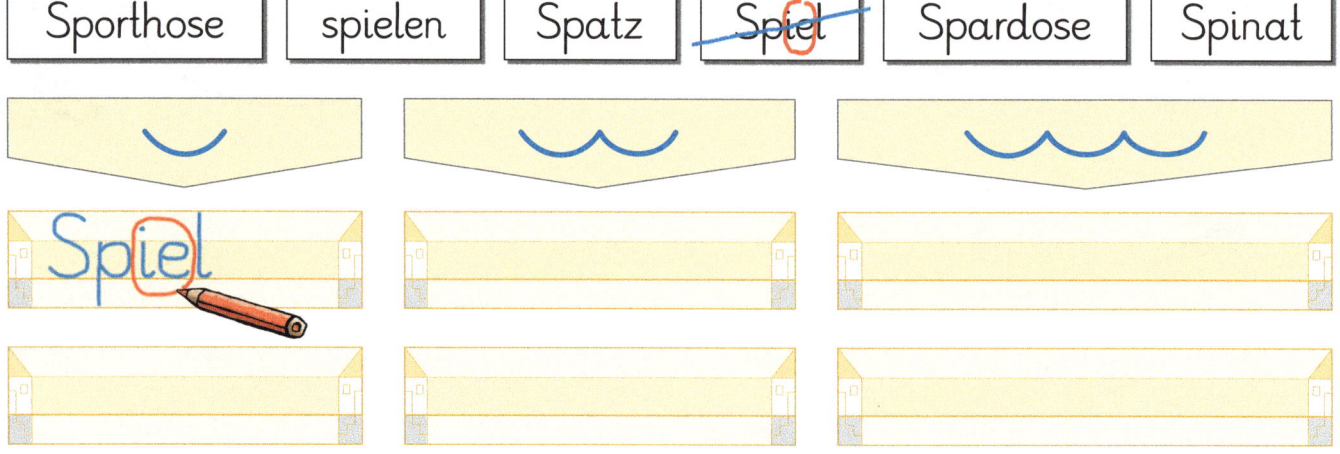

| Sporthose | spielen | Spatz | Spiel | Spardose | Spinat |

Spiel

Wörter mit dem Sp/sp-Laut einkreisen (Anlaut, Inlaut);
Wörter nach der Anzahl der Silben sortieren

Sp sp

1 Ordne zu und schreibe ab.

Opa spricht spanisch.

Lisa spart Geld.

Die Spinne baut ein Netz.

Tim spielt mit Imo.

Papa schaut in den Spiegel.

Im Schnee sind Spuren.

¡Hola!

Opa

2

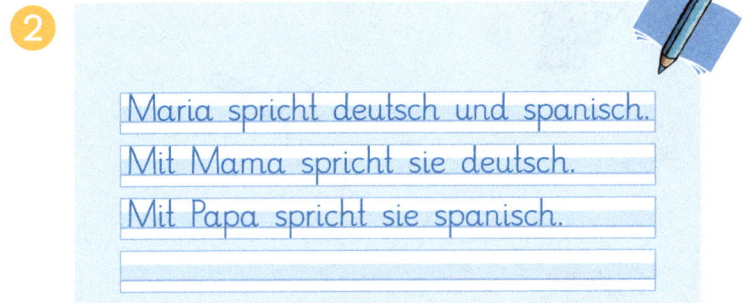

Maria spricht deutsch und spanisch.

Mit Mama spricht sie deutsch.

Mit Papa spricht sie spanisch.

hallo	selam	hola	hi
tschüss	güle güle	adios	bye
danke	tesekkür	gracias	thanks
eins	bir	uno	one
Mama	anne	mamá	mum

Sp sp

1 Finde alle Reime.

Spinne	Ziel	sprechen	zielen
Spatz	Schatz	spielen	brechen
Spiel	Rinne	spitzen	sitzen
Specht	Hecht	Speise	Nudel
Spitze	Wort	Spagetti	Konfetti
Sport	Witze	Sprudel	Reise

2 Wandle das Wort um.

die Reise   das Ziel

die Speise   das

die Rinne   der Hecht

die   der

die Witze   der Riegel

die   der

 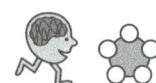
Reimwörter verbinden;
Wörter verwandeln und schreiben

Sp sp

1 Finde die passende Antwort.

Legen Spinnen Eier?

Die meisten Spinnen haben acht Augen.

Haben Spinnen drei Augen?

Spinnen legen Eier.

Haben Spinnen Ohren?

Die meisten Spinnen fressen Insekten.

Fressen Spinnen Insekten?

Spinnen haben keine Ohren.

2 Schreibe die richtige Antwort.

 Haben Spinnen drei Beine?

Nein, sie haben

 Bauen Spinnen ein Haus?

Nein,

 Haben Spinnen Ohren?

Spinnen haben keine Ohren.

3 Schreibe eine Frage und die Antwort dazu.

Suche nach Spinnenarten. Tippe sie ab.

www.blinde-kuh.de

Sp sp

1 Ordne zu.

☐ Lisa will spazieren gehen.
Sie sucht ihren zweiten Schuh.

☐ Lisa sieht Imo mit ihrem Schuh.
Sie schimpft mit Imo.

1 Imo will spielen.
Er klaut Lisas Sportschuh.

☐ Imo legt sich hinter den Spiegel.
Dort kaut er an Lisas Schuh.

2 Schreibe auf, was Imo will.

Imo

8

Sp sp

① **Drei gewinnt**

Tim und Lisa spielen.

Zuerst zeichnen sie ein Spielfeld auf.

Wer drei Kreuze in einer Reihe hat, hat gewonnen.

So kann eine Reihe aussehen:

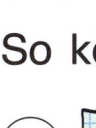 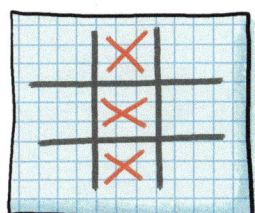 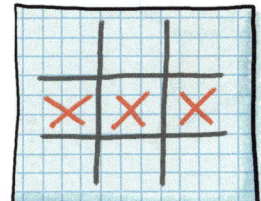 

Tim beginnt.
Er zeichnet ein
rotes Kreuz ein.

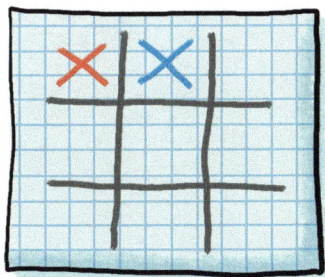

Nun ist Lisa dran.
Sie zeichnet ein
blaues Kreuz ein.

Tim setzt
ein zweites rotes
Kreuz.

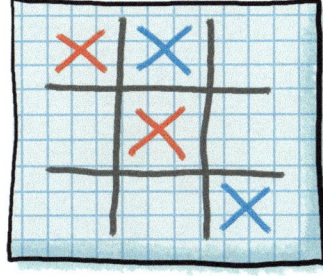

Auch Lisa setzt
ein zweites Kreuz.

Tim zeichnet
sein drittes Kreuz.

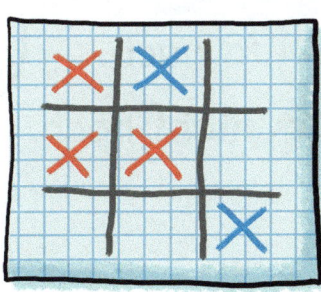

② Sprich mit einem Partnerkind:
Kann Lisa das Spiel noch gewinnen?

St st

1 Spure **St** und **st** nach.

stehen

Stern

Stein

Stempel

Stift

Stunde

still

stolpern

stellen

2 Schreibe **St** und **st**.

St st   St st

3 Spure **St** und **st** wie in  **blau** nach.

Spure **st** wie in 📦 oder 🪺 **nicht** nach.

Ich spreche am Anfang **Scht**, aber ich schreibe **St**.

Stern

Kiste

Stall

Nest

streichen

stehen

Liste

Weste

Stein

Mast

Stift

Stunde

Ast

Stufe

steigen

St/st nachspuren; St/st schreiben;
unterschiedliche Sprechweise von St/st am Wortanfang und im Wort beachten

St st

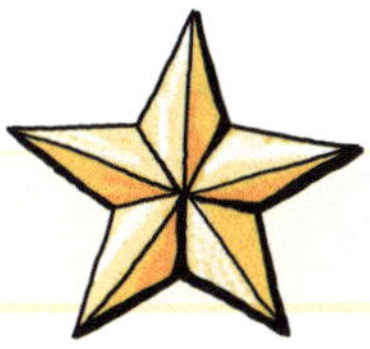

1 Kreise ein.

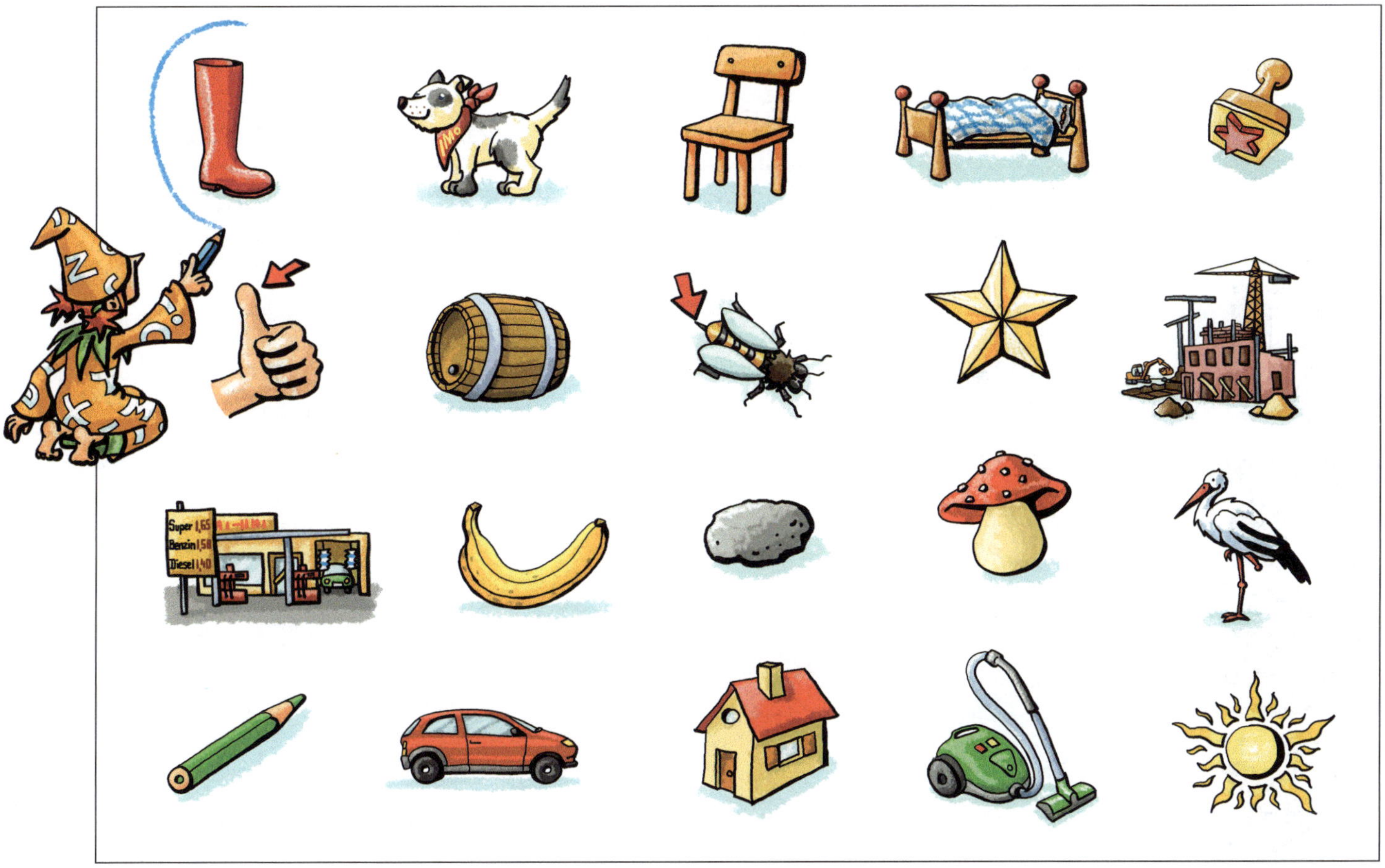

2 Setze die Silben zusammen.

| Stei | Stif | Stem | | fel | fen | pel |
| Stie | Stu | Ster | | te | ne | ne |

Stei

St st

1 Ordne zu und schreibe ab.

Oma steht still.   Papa streichelt Imo.

Paul streitet mit Dana.   Mama ist stolz auf Tim.

Lisa schreibt mit dem Stift.   Tim steht neben dem Stuhl.

 Oma

2

Tom und Lea sind stolz.
Tom kann auf Stelzen gehen.
Lea kann auf einem Bein stehen.

passende Sätze zuordnen; Sätze abschreiben

St st

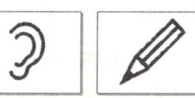 

1 Finde alle Reime.

Strand	Laub	Sturm	Turm
Stein	Bein	Stiel	Kern
Staub	Hand	Stern	Ziel

Stamm	Feuer	stehen	leiten
Steuer	Lamm	steigen	sehen
Stunde	Hunde	streiten	zeigen

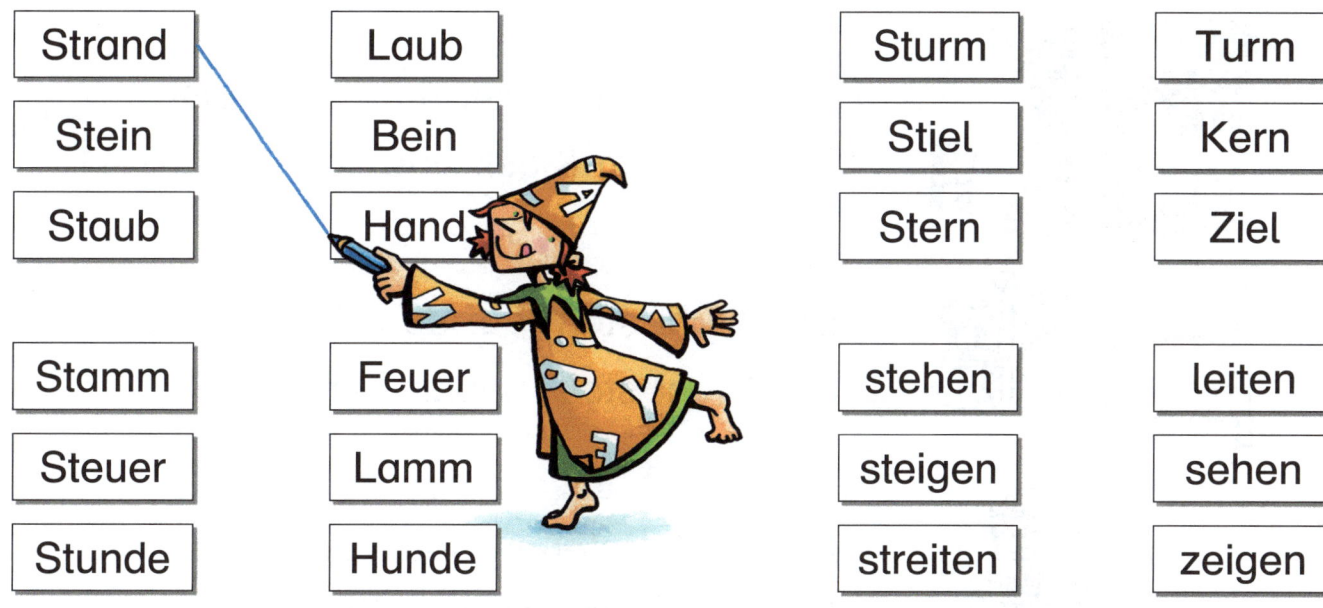

2 Wandle das Wort um.

die Spritze

die Spitze

das All

der

der Sturm

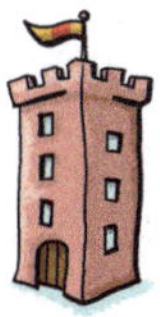

der

der Rand

der

streiten

stechen

St st

1 Kreuze den passenden Satz an.

Tim steht am Kiosk und kauft Eis.
Tim steht im Kiosk und kauft Eis.

Der Stuhl steht auf dem Bett.
Der Stuhl steht neben dem Bett.

Die Stiefel stehen unter dem Stuhl.
Die Stiefel stehen auf dem Stuhl.

Die Lampe steht neben dem Stuhl.
Die Lampe steht auf dem Stuhl.

2 Schreibe auf, wo die Sachen stehen.

Die Kiste steht im

passende Sätze ankreuzen; passende Sätze schreiben

St st ⭐

1 Lies und ordne die Namen den Steinen zu.

Bunte Steine

Stefka, Tim und Paul haben am Strand
ein paar Steine gesammelt.
Sie wollen ihre Steine ausstellen.
Sie bemalen die Steine und
stellen Namenskarten dazu.

Pauls Stein ist ganz flach.
Er bemalt ihn mit einem Gesicht.

Stefka nimmt einen runden, glatten Stein.
Sie bemalt ihn mit bunten Streifen.

Mit einem roten Stift malt Tim
Kreise und Striche auf seinen Stein.

2 Gestalte einen Stein und schreibe dazu.

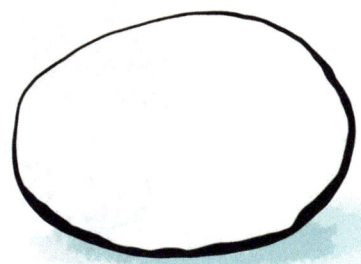

Mein Stein

Text lesen, passende Namenskarten schreiben;
eigenen Stein gestalten und dazu schreiben

15

St st

① Sterne

Tim und Papa schauen die Sterne
am Himmel an.

„Schau mal! Diese Sterne
strahlen besonders hell!", sagt Tim.

Papa stellt das Fernrohr scharf.
„Das ist das Sternbild Stier", sagt Papa.

Tim stellt eine Frage:

„Ist die Sonne auch ein Stern?"

Papa antwortet:

„Die Sonne ist auch ein Stern.
Menschen, Tiere und Pflanzen brauchen
die warmen Strahlen der Sonne."

Lesepate:

**② Unterstreiche oben und
kreuze richtig an.**

	stimmt	stimmt nicht
Papa und Tim schauen fern.	○	⊗
Papa stellt das Fernrohr scharf.	○	○
Es gibt das Sternbild Stier.	○	○
Die Sonne ist ein Stern.	○	○
Wir brauchen die warmen Strahlen der Erde.	○	○

Text lesen; Textstellen unterstreichen, stimmt oder stimmt nicht ankreuzen

Ä ä

1 Spure die Umlaute **Ä** und **ä** nach.

2 Schreibe die Umlaute **Ä** und **ä**.

3 Kreise **Ä** und **ä** ein und schreibe die Sätze ab.

Wind bläst durch die Blätter.
An den Ästen schaukeln Äpfel.

Ä/ä nachspuren; Ä/ä schreiben;
Ä/ä in den Sätzen einkreisen, Sätze abschreiben

Ä ä

1 Ordne zu und ergänze.

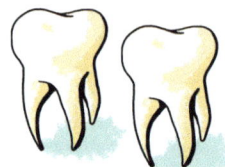

Käse
ä e

Bär

Wärmflasche

Mädchen

Zähne

Käfer

2 Schreibe.

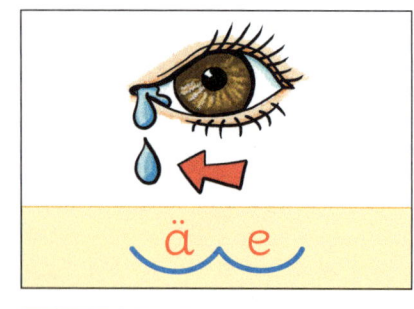
ä e

ä e

ä

Vokale (Silbenkerne) markieren, Bilder mit passenden Wörtern verbinden;
passende Wörter schreiben

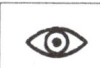

1 Spure die Umlaute **Ö** und **ö** nach.

Körper   zwölf

Öl   König

Löwe   böse

hören   schön

können   Flöte

2 Schreibe die Umlaute **Ö** und **ö**.

3 Kreise **ö** ein und schreibe die Sätze ab.

Der Löwe ist der König der Tiere.
Sein Körper ist schön.

 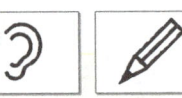 

1 Kreise ein.

2 Ordne nach Silben. Markiere die Silbenkerne.

| König | Öl | zuhören | schön | Löwenzahn | böse |

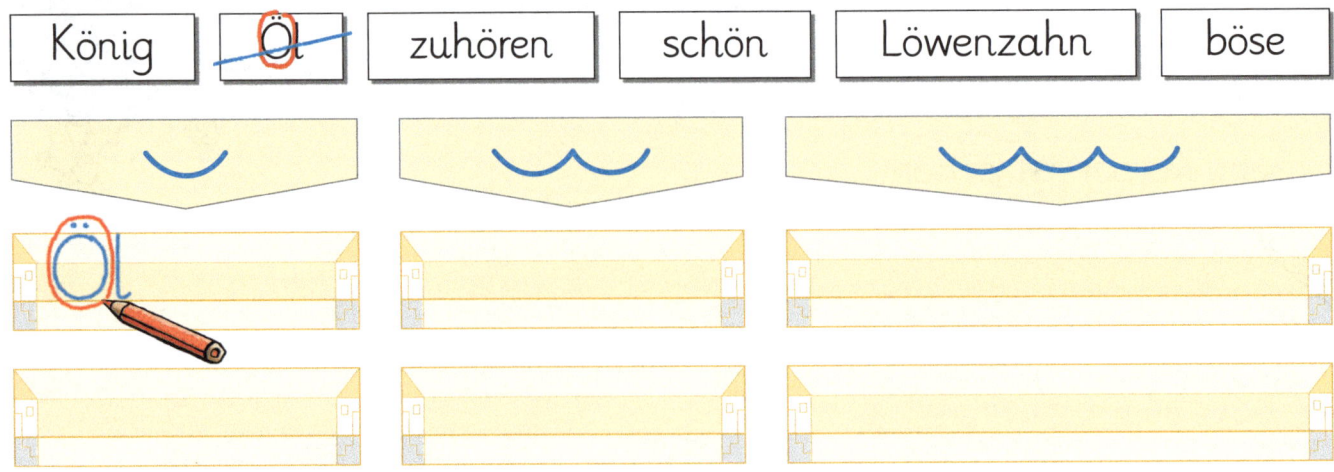

Wörter mit dem Ö/ö-Laut einkreisen (Anlaut, Inlaut);
Wörter nach der Anzahl der Silben sortieren

1 Spure die Umlaute **Ü** und **ü** nach.

2 Schreibe die Umlaute **Ü** und **ü**.

3 Kreise **ü** ein und schreibe den Satz ab.

Fünf Zwerge mit fünf Mützen
hüpfen über nasse Pfützen.

Ü ü

1 Kreise ein.

2 Ordne nach Silben. Markiere die Silbenkerne.

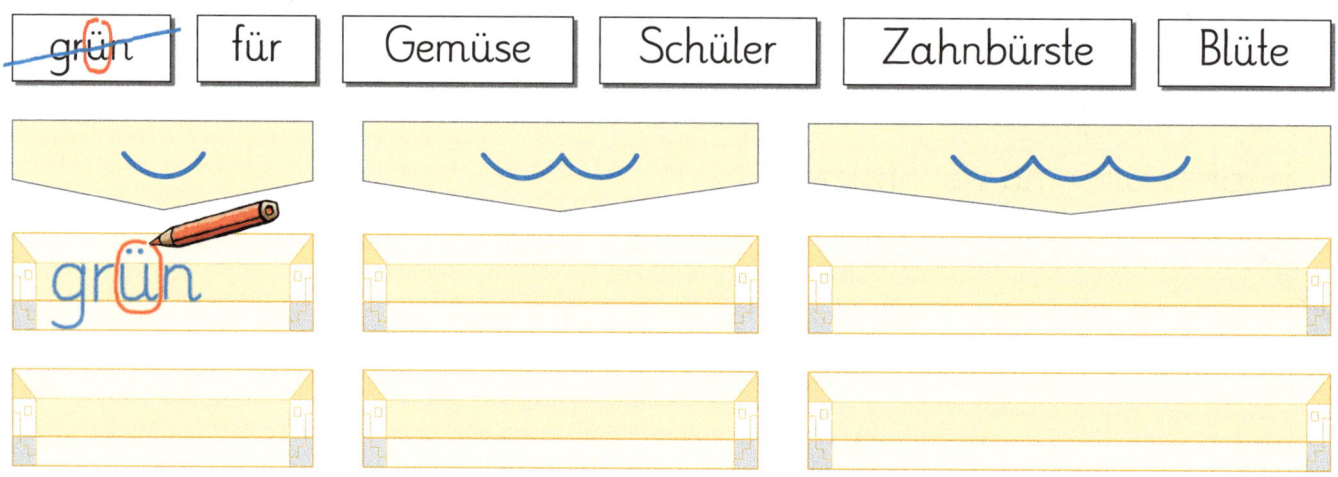

| grün | für | Gemüse | Schüler | Zahnbürste | Blüte |

grün

Wörter mit dem Ü/ü-Laut einkreisen (Inlaut);
Wörter nach der Anzahl der Silben sortieren

1 Schreibe die Wörter in der Einzahl und Mehrzahl auf.

| Kopf | Topf | ~~Korb~~ |

| **ein** | **mehrere** |

ein Korb | zwei Körbe

| Kuh | Wurst | Nuss |

| **eine** | **mehrere** |

eine Kuh | drei Kühe

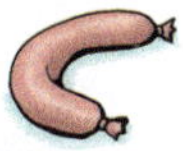

| Zahn | ~~Saft~~ | Apfel |

| **ein** | **mehrere** |

ein Saft | zwei Säfte

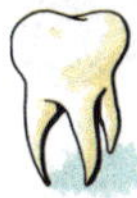

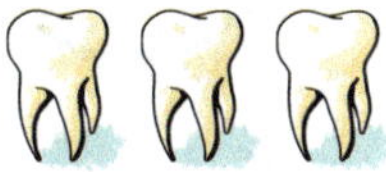

1 Ordne zu.

| 1 | Wasche und zerschneide die Salatblätter. |

| 2 | Gib die Salatblätter in eine Schüssel. |

| 3 | Mische zwei Esslöffel Öl und einen Teelöffel Essig. Würze mit Salz und Pfeffer. |

| 4 | Gib den Essig und das Öl in die Schüssel und rühre den Salat um. Guten Appetit! |

2 Schreibe, was in deinem Salat ist.

 Ää  Öö  Üü

1 Lies den Abzählreim.

> Die Äpfel sind rund.
>
> Die Äpfel sind bunt.
>
> Ich trage sie ins Haus
>
> und du bist raus.

... und du bist raus!

2 Aus welchen Ländern kommen diese Abzählreime?
Überlege mit einem Partnerkind und ordne zu.

England	Eins, zwei, drei, du bist frei.
Türkei	One, two, three, out goes she.
Italien	Bir, iki, üç, elim sende.
Deutschland	Uno, due, tré, spaghetti, patate, caffé.

Welche Abzählreime kennt ihr noch in eurer Klasse? Tauscht euch aus!

3 Schreibe einen Abzählreim.

1 Kreuze passende Sätze an.

Ich finde es schön,

○ wenn sich die Blätter
im Herbst rot färben.

○ wenn mich mein kleiner
Bruder anlächelt.

○ wenn ich mit Opa
in Büchern stöbere.

○ wenn ich nicht so früh
aufstehen muss.

○ wenn mich Mama
im Arm hält.

Ich finde es nicht so schön,

○ wenn andere Kinder
über mich lachen.

○ wenn mich meine ältere
Schwester ärgert.

○ wenn andere trödeln.

○ wenn mir keiner zuhört.

○ wenn mein bester Freund
plötzlich auf mich wütend ist.

Was findest
du schön?

2 Schreibe passende Sätze.

Ich finde es schön,

wenn

Ich finde es nicht so schön,

wenn

26

Text lesen, passende Aussagen ankreuzen;
aufschreiben, was man schön oder nicht schön findet

 Ä ä  Ö ö  Ü ü

1 Ordne zu und schreibe ab.

~~Der Zwerg trägt eine Mütze.~~ Der Kater trägt Stiefel.

Der Prinz küsst Dornröschen. Rapunzel hat zwei Zöpfe.

Frau Holle schüttelt Betten aus. Der böse Wolf ist im Wald.

Der Zwerg

2

Die Klasse führt ein Märchen auf.
Özlem spielt Rotkäppchen.
Leon spielt den bösen Wolf.

 Mein Lieblingsmärchen ist …

passende Sätze zuordnen; Sätze abschreiben

Ä ä  Ö ö  Ü ü

1 Ordne zu.

Märchen

| 1 | Rotkäppchen trifft im Wald
den bösen Wolf.
Er fragt das Mädchen,
wohin es geht.

| 2 | Der Froschkönig hilft der Prinzessin.
Er holt ihre goldene Kugel
aus dem Brunnen.

| 3 | Der Prinz küsst Dornröschen.
Dornröschen erwacht aus
einem tiefen Schlaf.

| 4 | Aschenputtel muss
Linsen aufsammeln.
Die Tauben helfen mit.

2 Schreibe auf, wen der Prinz küsst.

Der

1 Die drei Wünsche

nach den Brüdern Grimm

Erzähler: Es waren einmal ein armer Mann und seine Frau.
Sie hatten drei Wünsche frei.
Sie überlegten hin und her,
was sie sich wünschen könnten.

Frau: Ach, immer nur altes Brot.
Ich wünschte, wir hätten Würstchen!

Erzähler: Kaum hatte sie das gesagt,
wurde ihr Wunsch erfüllt.

Mann: Oh nein!
Nun ist der erste Wunsch schon weg!
Ich wünschte, das Würstchen
würde an deiner Nase kleben!

Erzähler: Kaum hatte er das gesagt,
wurde auch
der zweite Wunsch erfüllt.

Mann: Oh weh! Deine Nase
sieht ganz schön komisch aus.
Ich wünschte, das Würstchen
wäre wieder weg!

Erzähler: Nun waren alle Wünsche weg
und die beiden blieben
so arm wie bisher.

Lesepate:

2 Ergänze die Bilder.

Märchen mit verteilten Rollen lesen; Bilder passend ergänzen

ng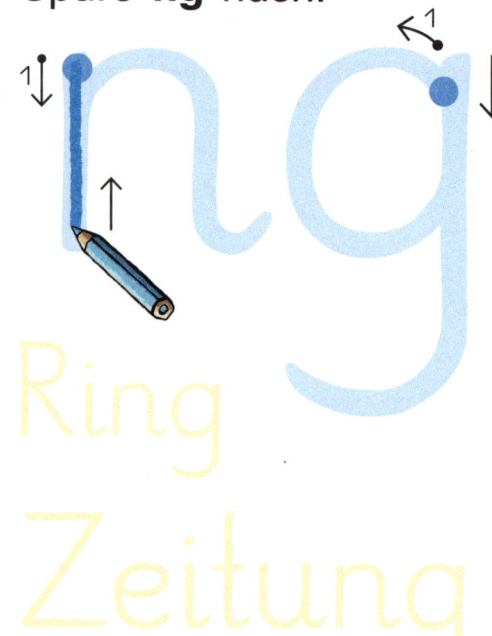

1 Spure **ng** nach.

Zunge   Frühling

bringen   eng

Ring   Schlange

Zeitung   singen   Stängel

2 Schreibe **ng**.

ng   ng

3 Kreise **ng** ein und schreibe den Satz ab.

An einer Hand sind fünf Finger:
Daumen, Zeigefinger, Mittelfinger,
Ringfinger und kleiner Finger.

ng nachspuren; ng schreiben;
ng im Satz einkreisen, Satz abschreiben

ng

1 Ordne zu.

der E**ng**el
der Ri**ng**
die Zu**ng**e
der Fi**ng**er
die Za**ng**e
die Schla**ng**e
die Zeitu**ng**
die Kli**ng**el

2 Trage **ng** passend ein.

Bilder mit passenden Wörtern verbinden;
Stellung des ng-Lautes abhören (Inlaut, Auslaut)

ng

1 Ordne zu und schreibe ab.

~~Lisa kocht Pudding.~~	Tim langweilt sich.
	Das Telefon klingelt.	Mama singt ein Lied.
Imo bringt die Zeitung.	Das Bild hängt schief.

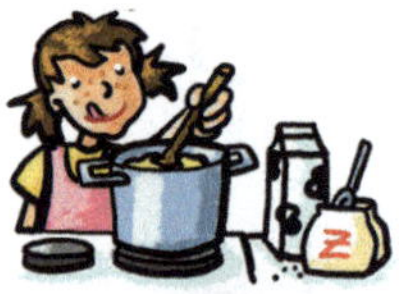

Lisa

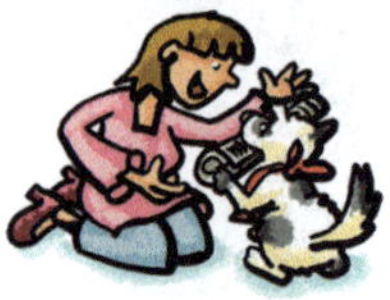

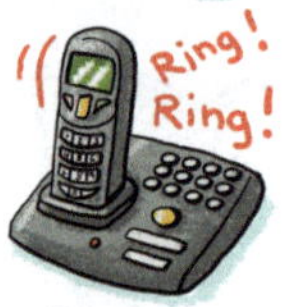

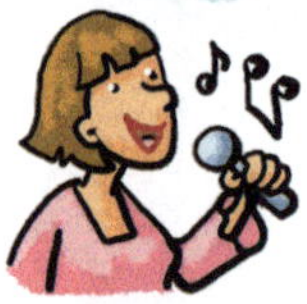

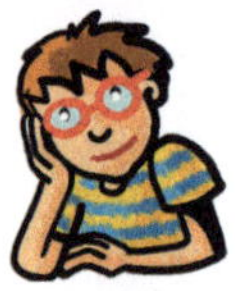

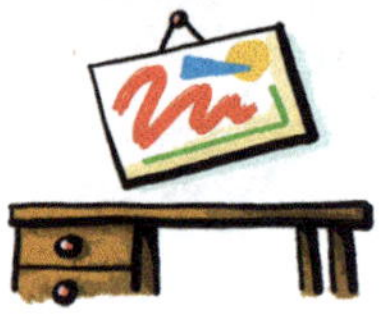

2

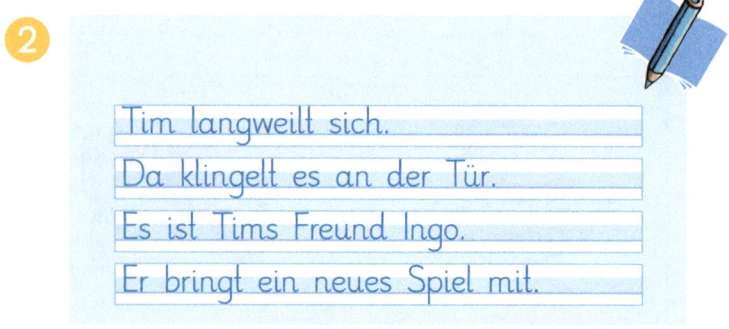

Tim langweilt sich.
Da klingelt es an der Tür.
Es ist Tims Freund Ingo.
Er bringt ein neues Spiel mit.

Alles
gegen
Langeweile   lesen   Ball spielen   basteln

passende Sätze zuordnen; Sätze abschreiben

ng

1 Besondere Tiere

Giraffen haben einen langen Hals
und eine lange Zunge.
So können sie auch die Blätter
hoher Bäume fressen.

Pinguine haben Flügel.
Aber sie können nicht fliegen.
Pinguine schwimmen und tauchen sehr gut.
Die Flügel benutzen sie dabei als Flossen.

Schlangen haben zwar eine Nase,
noch besser riechen sie aber
mit ihrer Zunge. Deshalb züngeln
Schlangen so oft.

**2 Unterstreiche oben und
kreuze richtig an.**

	stimmt	stimmt nicht
Giraffen haben eine lange Zunge.	X	
Pinguine können sehr gut fliegen.		
Pinguine können nicht tauchen.		
Schlangen haben eine Nase.		
Schlangen hören mit der Zunge.		

Text lesen, stimmt oder stimmt nicht ankreuzen

ng

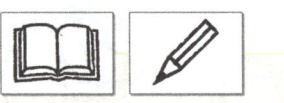 

Im Schwimmbad

1 Betrachte das Bild.

Verbinde und schreibe die Sätze ab.

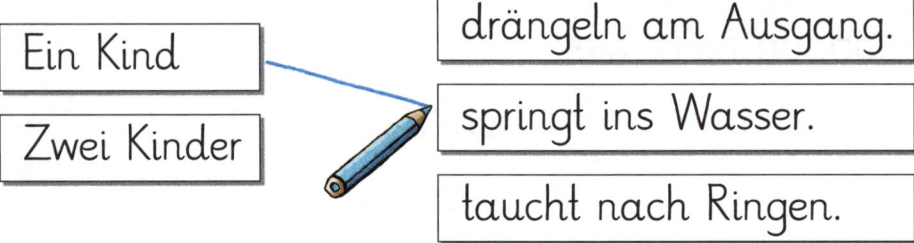

Ein Kind		drängeln am Ausgang.
Zwei Kinder		springt ins Wasser.
		taucht nach Ringen.

Ein Kind

2 Schreibe weitere Sätze zum Bild.

zum Bild passende Sätze bilden und schreiben

ng

1 **Angsthase**

Alle Kinder sind schon gesprungen.

Ich will auch springen.

Langsam kletterte ich den Sprungturm hoch.

Meine Beine fangen an zu zittern.

Auf dem Sprungbrett habe ich

dann fürchterliche Angst.

Ich kann nur noch krabbeln.

Ich traue mich doch nicht zu springen.

Leon zeigt mit dem Finger auf mich

und ruft: „Tom ist ein Angsthase!"

Das ist mir aber egal.

Ich springe nur,

wenn ich es

wirklich selbst will.

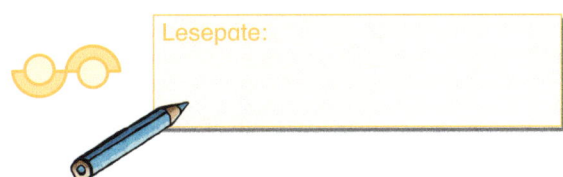

Lesepate:

2 Kreuze an und begründe: ◯ Tom springt, ◯ Tom springt nicht,

 weil _____

_____

3 Sprecht miteinander: Was meint dein Partnerkind?

Welche Meinung haben andere Kinder in der Klasse?

Äu äu

1 Spure **Äu** und **äu** nach.

Kräuter Häuser Mäuse Bäume Äuglein Räuber Läufer träumen

2 Schreibe **Äu** und **äu**.

Äu äu

Äu äu

3 Kreise **äu** ein und schreibe den Satz ab.

Wenn Mäuse träumen, sehen sie
Häuser aus Käse unter Bäumen.

Äu äu

1 Ordne zu und ergänze.

der Zaun
au 

die Zäune

der Traum

die Träume

der Strauch

die Sträucher

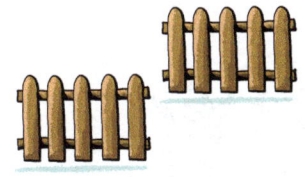

2 Schreibe.

äu _ e

äu _ e

äu _ e

Silbenbögen mit Vokalen einzeichnen, Bilder mit passenden Wörtern verbinden;
passende Wörter schreiben

Äu äu

1 Ordne zu und schreibe ab.

| Mäuse ~~mögen~~ Käse. | Imo träumt häufig. |

| Der Läufer läuft ins Ziel. | Die Seife schäumt. |

| Die Bäume tragen Früchte. | Das Telefon läutet laut. |

Mäuse

2

Ich träume.
Ich fliege über Häuser
und Bäume.

passende Sätze zuordnen; Sätze abschreiben

Äu äu

1 Schreibe die Wörter in der Einzahl und Mehrzahl auf.

| Baum | Haus | Strauch | Bauch | Kraut |

ein	mehrere
 ein Baum	zwei Bäume 

2 Alles wird klein. Schreibe auf.

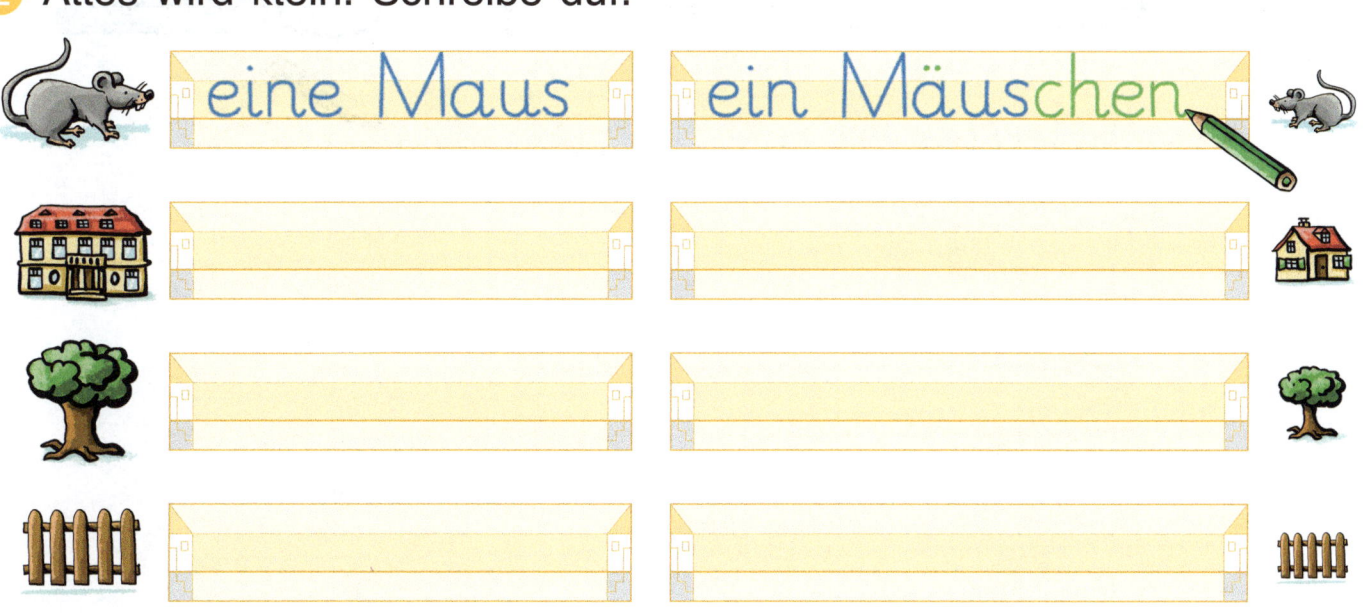

eine Maus	ein Mäuschen

Wörter passend zuordnen, Mehrzahl bilden;
Wörter mit der Verkleinerungsform -chen bilden

Äu äu

1 Kreuze den passenden Satz an.

Lisa sieht das Mäuschen in der Kiste.
Lisa sieht das Mäuschen auf der Kiste. ✗

Lisa räumt das Häuschen in den Käfig.
Lisa räumt das Häuschen neben den Käfig.

Lisa stellt das Auto unter das Bett.
Lisa stellt das Auto in das Bett.

Lisa legt den Ball in den Korb.
Lisa legt den Korb auf den Ball.

2 Schreibe auf, wo die Sachen sind.

Das Mäuschen ist auf der

passende Sätze ankreuzen;
aufschreiben, wo die Sachen sind

Äu äu

1 Ordne zu.

Das Mäuschen

1 Das Mäuschen schläft
im Mäusenest und träumt.

2 Es riecht köstlich nach Käse.
Das Mäuschen wacht auf
und schaut aus dem Loch.

3 Der Käse liegt auf dem Tisch.
Schnell klettert das Mäuschen hinauf.

4 Die Katze mit ihren scharfen Krallen
sieht die Maus auf dem Tisch.

5 Schnell läuft das Mäuschen weg.
Die Katze rennt hinterher.

2 Schreibe das Ende der Geschichte auf.

Text lesen, Bilder zuordnen;
eigenes Ende der Geschichte aufschreiben

Äu äu

1

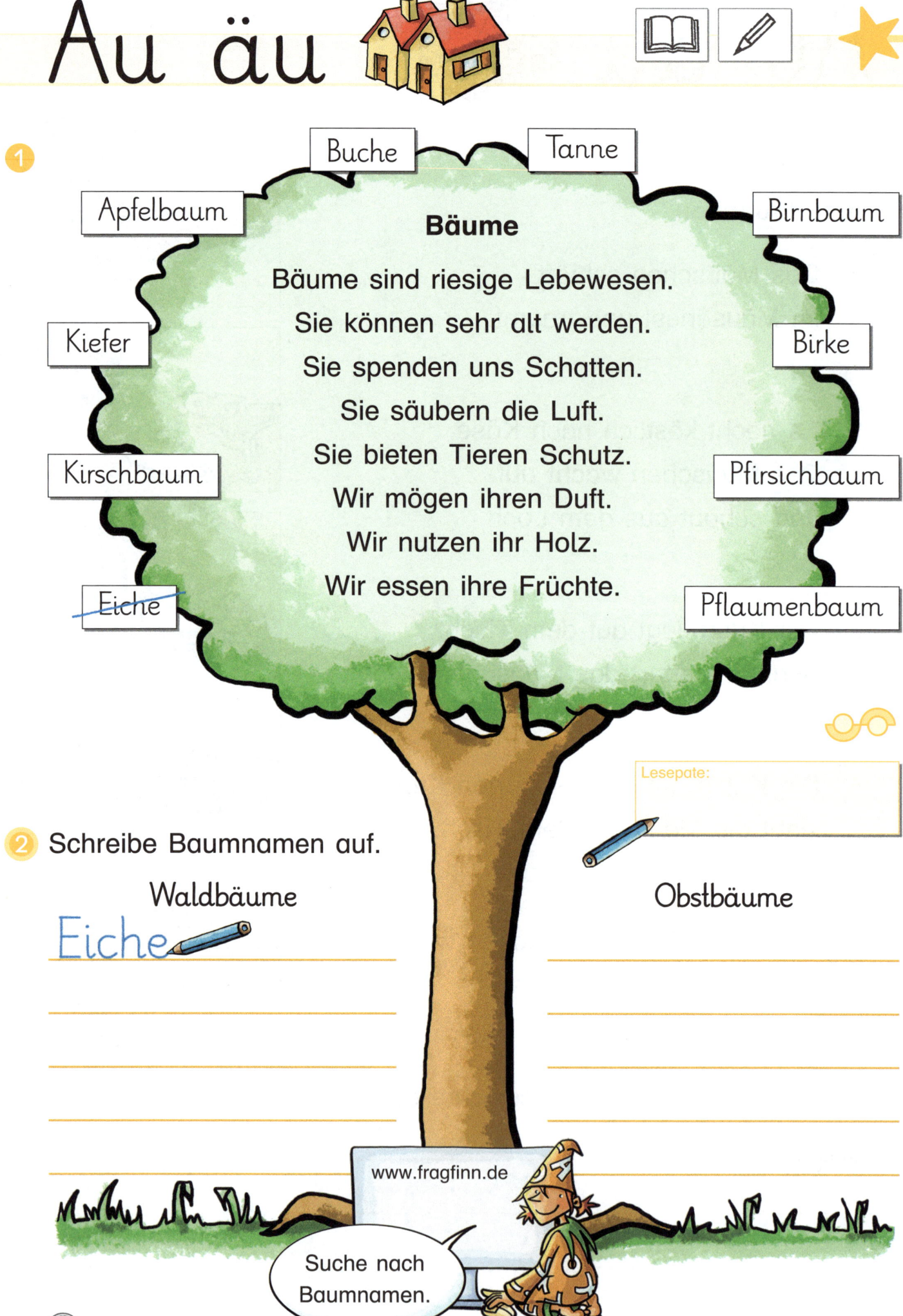

Buche   Tanne

Apfelbaum   Birnbaum

Bäume

Bäume sind riesige Lebewesen.

Sie können sehr alt werden.

Sie spenden uns Schatten.

Sie säubern die Luft.

Sie bieten Tieren Schutz.

Wir mögen ihren Duft.

Wir nutzen ihr Holz.

Wir essen ihre Früchte.

Kiefer   Birke

Kirschbaum   Pfirsichbaum

Eiche   Pflaumenbaum

Lesepate:

2 Schreibe Baumnamen auf.

Waldbäume   Obstbäume

Eiche

www.fragfinn.de

Suche nach
Baumnamen.

Text lesen; Baumnamen sortieren und schreiben

1 Spure **V** und **v** nach.

vor
vorsichtig
Vater
Vase
von
voll
Vogel
viel
versuchen
vier

2 Schreibe **V** und **v**.

3 Kreise **V** und **v** ein und schreibe die Sätze ab.

Vater nimmt vorsichtig den Verband ab.
Die Wunde ist schon gut verheilt.

Wörter mit
V v musst du
dir merken.

V v

V v wie in Vogel **– V v wie in V**ase

1 Unterscheide.

Vogel	Vase	Vampir	Vulkan	viel
vor	versuchen	Klavier	Pullover	
Verkehr	Kurve	vier	voll	Pulver
November	Olive	Vater	Verband	

2 Schreibe die Wörter auf.

V v wie in Vogel	V v wie in Vase

Lautqualitäten des V/v-Lautes unterscheiden;
Bildwörter verschriften

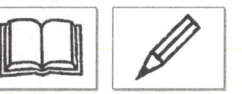

V v

1 Ordne zu und schreibe ab.

Vater holt Tim ab.   Das Glas ist voll.

Der Vulkan bricht aus.   Lisa spielt Klavier.

Der Vampir mag den Vollmond.   Vögel bauen Nester.

Vater

2

Vornamen mit V sind:
Veronika, Viola, Vinzent,
Vladimir und Valeska.

Ich suche
Vornamen
mit V.

Volker   Vanessa
Viktor   Viktoria
Valentin   Valeria

1 Verbinde die Wörter (Verben) mit den Bildern.

Wer tut was?

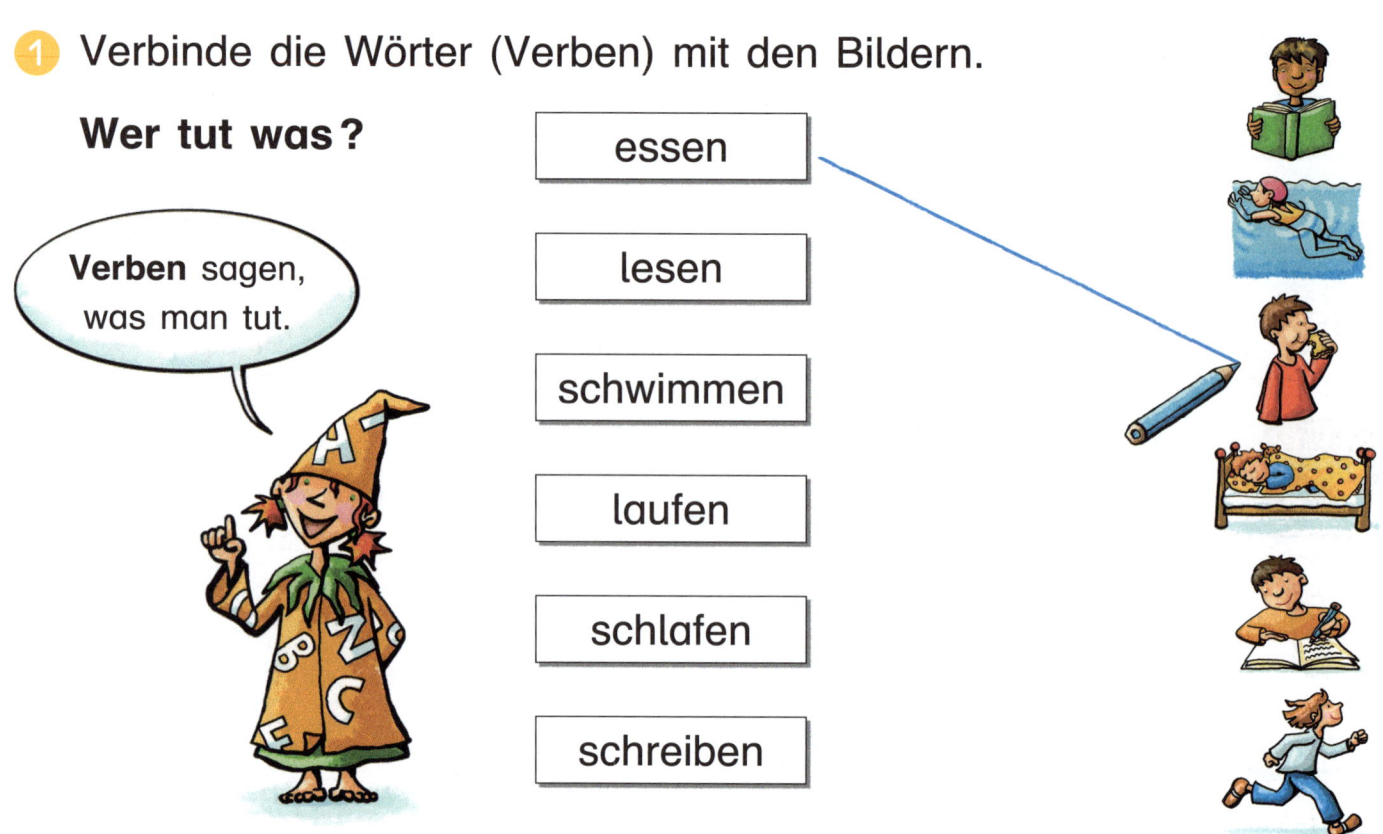

> **Verben** sagen, was man tut.

essen	
lesen	
schwimmen	
laufen	
schlafen	
schreiben	

2 Bilde vier neue Verben mit den Vorsilben | vor | und | ver |.

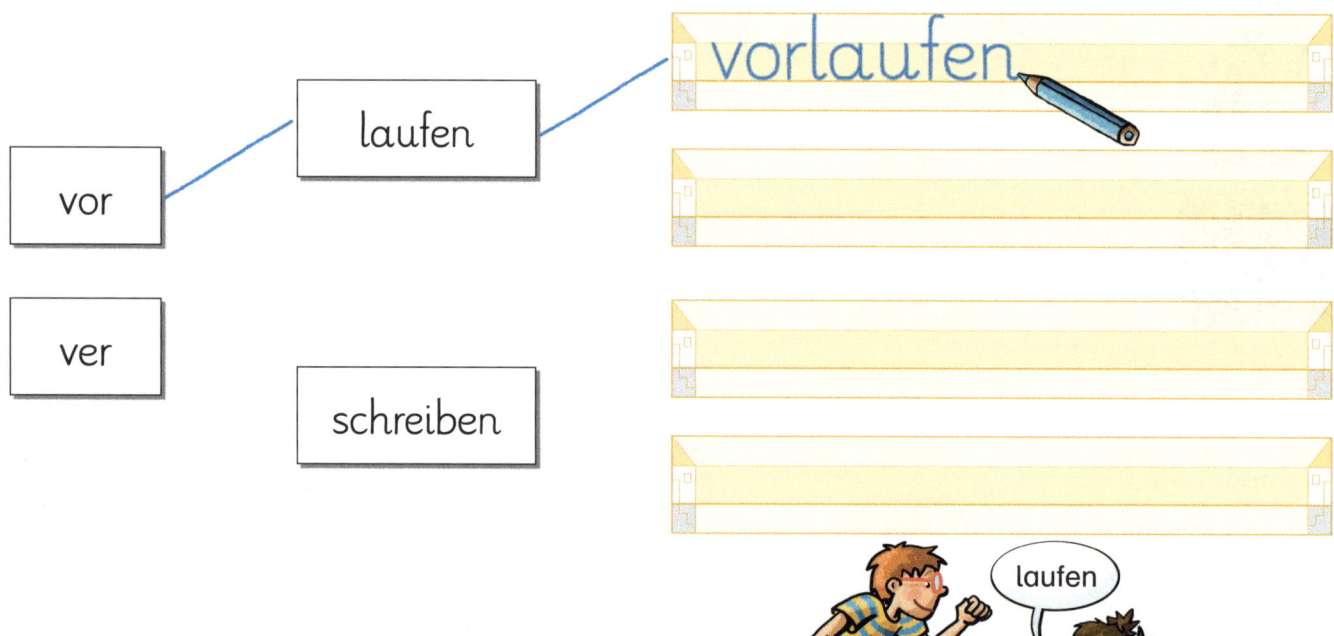

vor — laufen — vorlaufen

ver

schreiben

3 Spielt miteinander Verbenraten.
Ein Partnerkind muss erraten,
was du tust.

laufen

Verben mit Bildern verbinden;
Verben mit vor- und ver- bilden und schreiben; Verben pantomimisch darstellen

V v

Viele Vögel

1 Betrachte das Bild.
Verbinde und
schreibe die Sätze ab.

Ein Vogel — baut ein Nest.

badet in der Pfütze.

frisst viele Körner.

Ein Vogel

2 Schreibe weitere Sätze zum Bild.

V v

1 Viele Berufe

Mama arbeitet auf der Unfallstation.
Dort sind immer viele verletzte Personen.
Oft muss Mama Wunden verbinden.
Manchmal arbeitet sie auch nachts
oder am Wochenende.

Mein Vater ist oft
auf Baustellen.
Dort gibt es Bagger und Gerüste.
Deshalb müssen alle
sehr vorsichtig sein.

~~*~*~*~*~*~*

Meine Mama ist Verkäuferin.
Sie verkauft schöne Kleider.
Manchmal muss sie zu einer
Ausstellung und dazu verreisen.

~~*~*~*~*~*~

Du kannst deine Sätze auch abtippen.

Mein Papa arbeitet …

2 Schreibe, was du später werden möchtest.

Texte lesen; Berufswunsch aufschreiben

V v

1 Der kleine Kater

Der kleine hungrige Kater

sucht Vera und ihren __Vater_____.

„Ich will sofort was fressen!
Haben die beiden mich vergessen?"
Mit einem Satz springt das Tier

auf das _____.

Es landet mit allen vier Pfoten

auf Vaters kostbaren _____.

Dann springt es auf den Tisch
und stupst mit der Nase

gegen Omas alte _____.

Der Vater ruft: „Das ist verboten!

Runter jetzt mit deinen _____!"

Die Mutter hält das alles nicht mehr aus
und setzt Nervensäge und Futter

vor das _____.

Der kleine Kater schaut vergnügt,
weil der volle Teller ihm genügt.

Lesepate:

J j

1 Spure **J** und **j** nach.

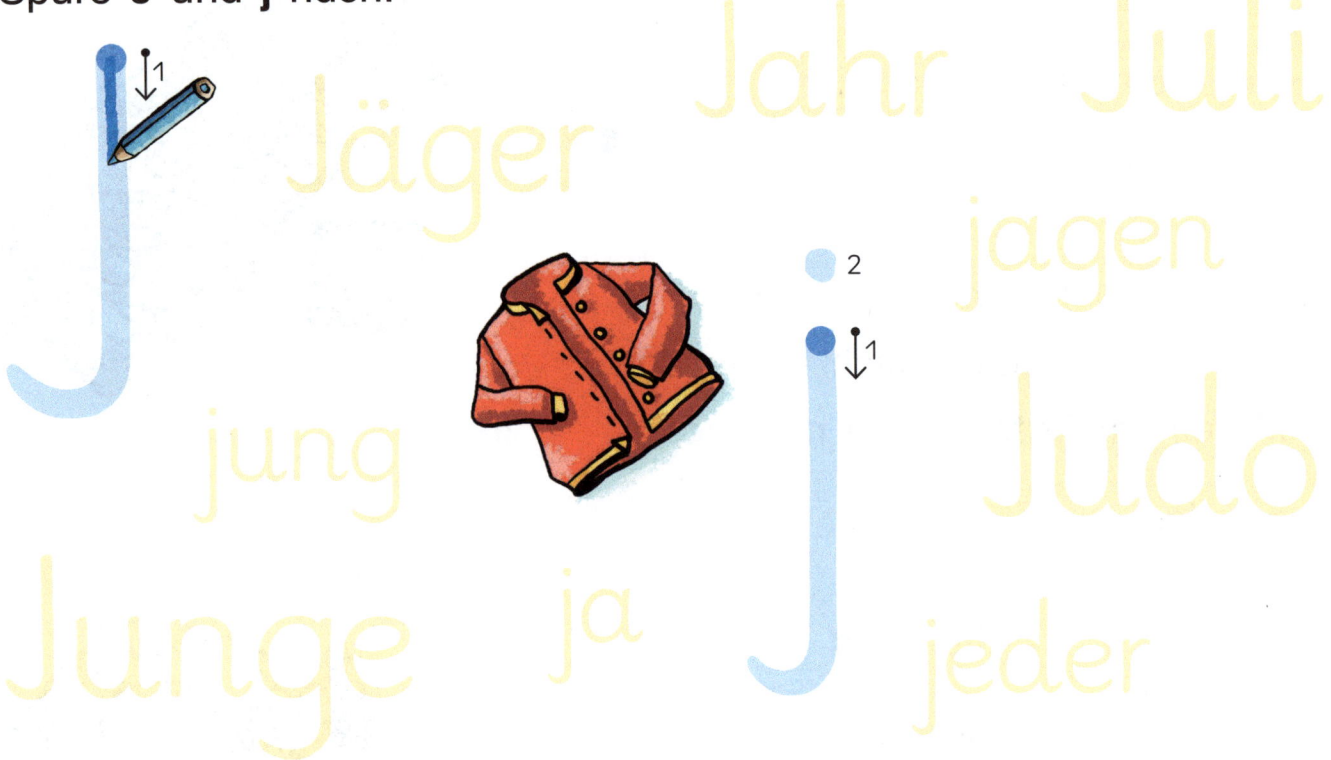

Jahr   Juli

Jäger   jagen

jung   Judo

Junge   ja   jeder

2 Schreibe **J** und **j**.

3 Kreise **J** und **j** ein und schreibe die Sätze ab.

Ronja ist ein Jahr älter als Jan.

Jan ist ein Jahr jünger als Ronja.

J/j nachspuren; J/j schreiben;
J/j in den Sätzen einkreisen, Sätze abschreiben

J j

1 Kreise ein.

2 Ordne nach Silben. Markiere die Vokale (Silbenkerne).

| Jahr | ja | Januar | Judo | Juwelen | jeder |

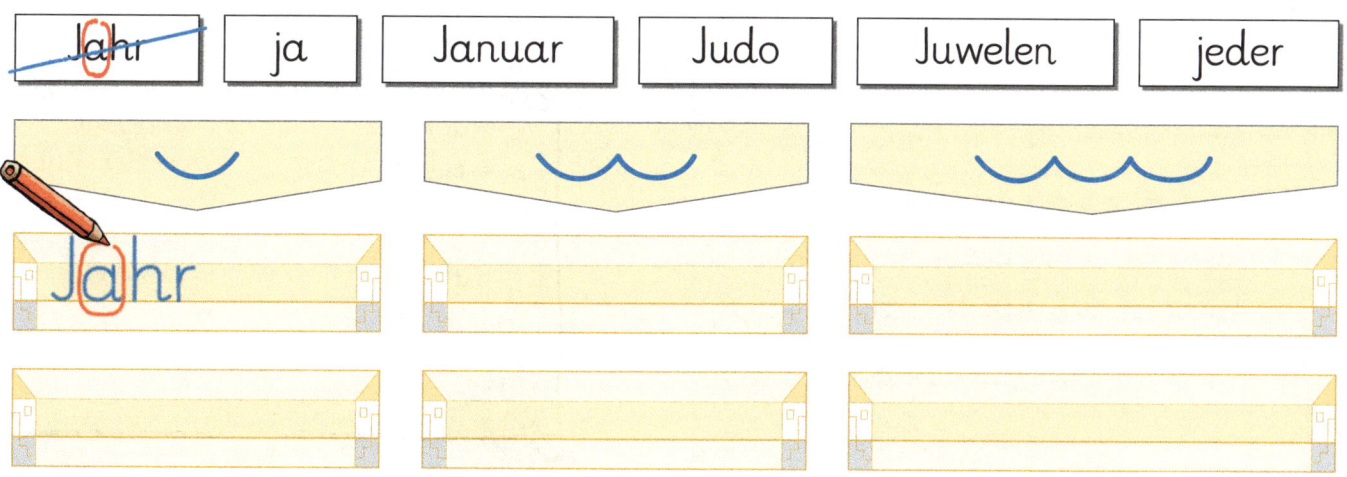

Jahr

Wörter mit dem J/j-Laut einkreisen (Anlaut);
Wörter nach der Anzahl der Silben sortieren

51

J j

1 Ordne zu und schreibe ab.

~~Finja kann Judo.~~   Der Junge jubelt.

Das ist Janeks Jo-Jo.   Die Katze jagt die Maus.

Lisa wird sieben Jahre alt.   Der Jaguar ist ein Raubtier.

2

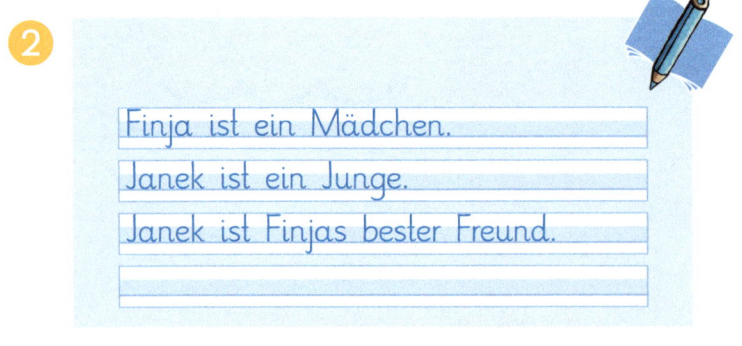

Finja ist ein Mädchen.

Janek ist ein Junge.

Janek ist Finjas bester Freund.

Jungen
in unserer Klasse

Mädchen
in unserer Klasse

Janek   Jule

passende Sätze zuordnen; Sätze abschreiben

J j

1 Schreibe auf, was du gern machst.

Ich bin ein Mädchen. ⬤   Ich bin ein Junge. ⬤

2 Verbinde. Wer könnte das sagen:
ein Mädchen,
ein Junge
oder beide?

Ich vermute …

Ich spiele sehr gerne Gitarre.

Am liebsten höre ich Musik.

Ich spiele gerne mit Jungen.

Fahrrad fahre ich gerne.

Ich tanze gerne.

ein Junge

beide

ein Mädchen

Gerne spiele ich mit Mädchen.

Ich spiele am liebsten mit meiner Rennbahn.

nur Jungen | beide | nur Mädchen
Judo

Ich gehe gerne zum Judo.

3 Sprich mit einem Partnerkind darüber.

aufschreiben, was man selbst gerne macht;
Aussagen zuordnen und darüber sprechen

J j

Frühling, Sommer, Herbst und Winter

1 Trage die passende Jahreszeit ein.

Es ist die grünste Jahreszeit.
Die Tage werden länger.
Viele Pflanzen blühen.

Es ist der 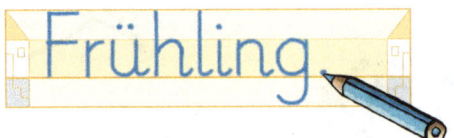 **Frühling**

Es ist die wärmste Jahreszeit.
Die Sonne scheint oft.
Wir gehen schwimmen.

Es ist der

Es ist die bunteste Jahreszeit.
Viele Früchte werden reif.
Kinder lassen Drachen steigen.

Es ist der

Es ist die kälteste Jahreszeit.
Manchmal schneit es.
Es wird früh Abend.

Es ist der

2 Begründe, welche Jahreszeit dir am besten gefällt.

Am besten gefällt mir

54

J j

1 Kreuze richtig an.

	ja	nein

Im Frühling

Im Frühling verkleiden wir uns. ○ ⊗

Im Frühling bauen Vögel Nester. ○ ○

Im Frühling ist das Jahr vorbei. ○ ○

Im Sommer

Im Sommer haben wir lange Ferien. ○ ○

Im Sommer laufen wir Schlittschuh. ○ ○

Im Sommer essen wir Lebkuchen. ○ ○

Im Herbst

Im Herbst blühen die Bäume. ○ ○

Im Herbst beginnt das neue Jahr. ○ ○

Im Herbst werden Äpfel geerntet. ○ ○

Im Winter

Im Winter schneit es jeden Tag. ○ ○

Im Winter feiert man Weihnachten. ○ ○

Im Winter gehen wir ins Freibad. ○ ○

Text lesen, ja oder nein ankreuzen

J j

1 Trage die passende Jahreszeit ein.

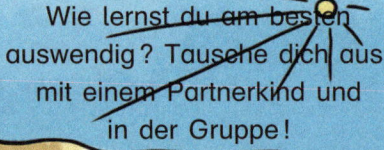
Wie lernst du am besten auswendig? Tausche dich aus: mit einem Partnerkind und in der Gruppe!

Die vier Jahreszeiten

Der Frühling

Bunte Blüten,
junge Blätter,
alles wieder neu.
Helle Tage,
Vögel zwitschern,
ach, wie ich mich freu.

Der _____

Blauer Himmel,
Wärme, Licht –
jedem tut die Sonne gut.
Aber Achtung,
nicht vergessen,
trage einen Sonnenhut.

_____

Rote Äpfel,
reife Birnen,
jetzt werden die Blätter bunt.
Graue Wolken,
Nieselregen,
hoffentlich bleib ich gesund.

_____

Handschuh, Mütze,
Schal und Mantel,
schnell raus in den Schnee.
Schneemann bauen,
Schlitten fahren,
Kälte tut den Fingern weh.

Falle, falle,
gelbes Blatt …

Auf ins Freie!
Roller aus dem Keller,
Katze aus dem Haus,
Blüten aus den Knospen,
alles kommt heraus.

Kinder aus den Stuben,
Küken aus dem Ei,
Vögel aus dem Süden
sind auch bald dabei.

Alfons Schweiggert

Blätter fallen
Falle, falle,
gelbes Blatt,
rotes Blatt,
bis der Baum
kein Blatt mehr hat,
weggeflogen alle.

Lisa Bender

Lesepate:

56   Gedichte lesen, Jahreszeiten dazuschreiben

Inhaltsverzeichnis

nachspuren,
schreiben, malen

Lola

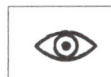

erkennen

hören

lesen

Feld zum Markieren erledigter Aufgaben ☒

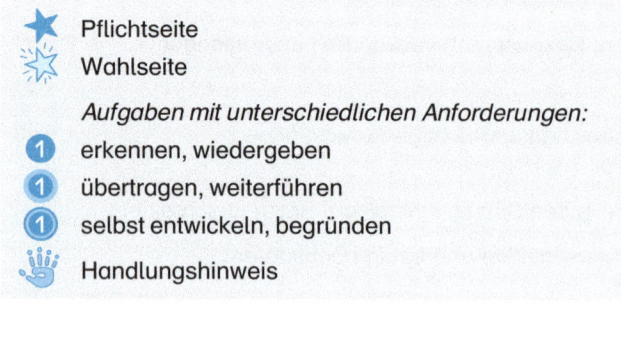

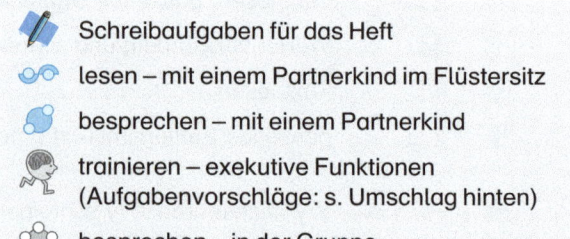

★ Pflichtseite

☆ Wahlseite

Aufgaben mit unterschiedlichen Anforderungen:

① erkennen, wiedergeben

① übertragen, weiterführen

① selbst entwickeln, begründen

✋ Handlungshinweis

✏️ Schreibaufgaben für das Heft

👓 lesen – mit einem Partnerkind im Flüstersitz

💬 besprechen – mit einem Partnerkind

🏃 trainieren – exekutive Funktionen
(Aufgabenvorschläge: s. Umschlag hinten)

⚛️ besprechen – in der Gruppe
(Vorschläge für Plenumsphasen: s. Umschlag hinten)

nk

1 Spure **nk** nach.

schenken   Punkt
trinken   Bank
Onkel
Enkel   Anker   krank   links
denken   danken   dunkel

2 Schreibe **nk**.

nk   nk

3 Kreise **nk** ein und schreibe die Sätze ab.

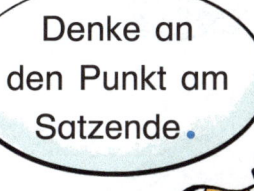

Denke an den Punkt am Satzende.

Ankes Onkel ist krank.
Der Enkel schenkt ihm Blumen.

nk

1 Ordne zu.

die Bank

die Türklinke

der Anker

das Geschenk

die Schranke

der Lenker

der Blinker

der Schrank

2 Trage **nk** passend ein.

 nk

4

nk

1 Ordne zu und schreibe ab.

| Die Bank ist frei. | Lisa steht links. |

| Das Kind ist krank. | Nachts ist es dunkel. |

| Mama denkt an Imo. | Papa hat ein Geschenk. |

2

Lisa denkt sich ein Rätsel aus.
Was hat Streifen und stinkt?
Es ist ein Stinktier.

Denkaufgabe
Welches Wort reimt
sich auf krank?

Denkaufgabe
Ich bin der Sohn
von Vati und ich
bin der

_____

von Opa.

passende Sätze zuordnen; Sätze abschreiben

nk

1 Kreuze richtig an.

		stimmt	stimmt nicht
	Auf einer Bank kann man sitzen.	X	○
	Nachts ist es dunkel.	○	○
	Boote können sinken.	○	○
	Getränke kann man essen.	○	○
	Alle Pflanzen stinken.	○	○
	Jedes Auto hat einen Blinker.	○	○
	Bücher können denken.	○	○

> **Verben** können sich verändern!

2 Schreibe das Wort (Verb) mit der passenden Endung auf.

Wer tut was?

	ich	er oder sie
trink**en**	ich trink**e**	er trink**t**
wink**en**	ich wink**e**	sie
dank**en**		
schenk**en**		
lenk**en**		
denk**en**		

nk

1 **Ideen für Geschenke**

Manchmal möchte man gerne etwas verschenken.

Lisa schenkt ihrer Mutter
zum Muttertag ein Herz.

Ich freue mich,
wenn ich dich seh,
ich finde dich so nett,
ich schenke dir
mein H und E,
mein R und auch
mein Z.
Frantz Wittkamp

LUSTIG
INTELLIGENT
SUPER
ALBERN

Dario schenkt Lisa
zum Geburtstag ein Lesezeichen.

Du kannst die
Geschichte auch abtippen.
Wähle eine schöne
Schrift!

Leon schenkt seiner Oma
eine kleine Geschichte.
Er erfindet sie selbst.

Das kleine Mäuschen

Es war einmal ein kleines

2 Gestalte selbst ein Geschenk.
Wem willst du es schenken?

nk

1 **Leon hat Geburtstag**

Leon feiert seinen Geburtstag.

Er bekommt viel Besuch.

Alle schenken ihm etwas.

Tante Anne schenkt ihm einen Ball.

Onkel Lars hat ein Buch für ihn.

Opa schenkt ihm eine Lupe.

Oma schenkt Leon einen Pulli.

Auch Leons kleine Schwester Mia

hat ein Geschenk.

Sie hat ein Bild für ihn gemalt.

Leon freut sich: „Vielen Dank!"

Wir gratulieren herzlich!

Alles Gute!

Lesepate:

2 Unterstreiche oben und schreibe auf,
von wem welche Geschenke sind.

Tante Anne schenkt ihm

passende Textstellen unterstreichen, Sätze schreiben

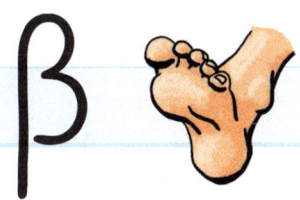

1 Spure **ß** nach.

grüßen   süß
außen
Fuß   Spaß
Strauß
groß
weiß   Straße   heiß

2 Schreibe **ß**.

3 Kreise **ß** ein und schreibe den Satz ab.

Heiß ist nicht kalt,
süß ist nicht sauer,
groß ist nicht klein.

Wörter mit **ß** musst du dir merken.

Wörter-Liste
außen
Fuß
groß

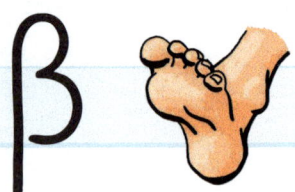

1 Trage die Silbenbögen mit den passenden Vokalen ein.

weiß	fleißig	Straße
heißen	groß	begrüßen
abreißen	Fuß	Fußnagel
süß	Großeltern	gießen

2 Ordne die Wörter nun nach Silben.

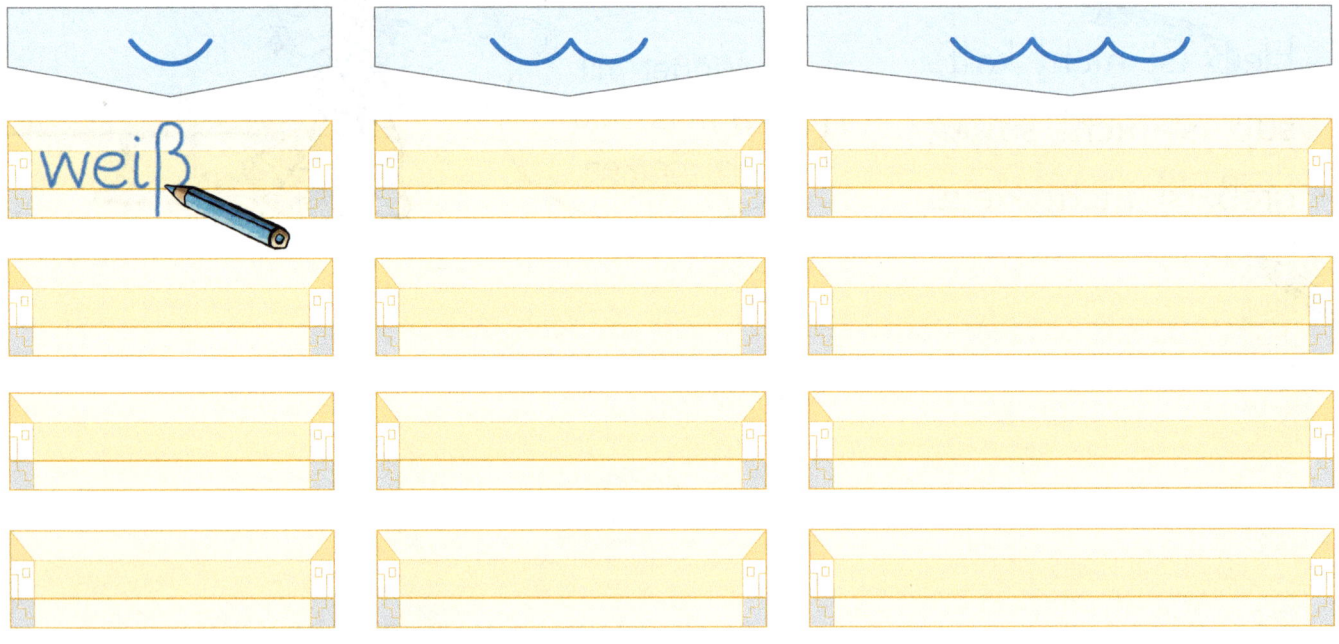

weiß

Silbenbögen mit Vokalen einzeichnen;
Wörter nach der Anzahl der Silben ordnen

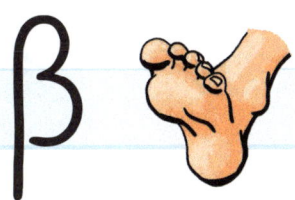

1 Ordne zu und schreibe ab.

Der Kuchen ist süß.   Tim lernt fleißig.

Die Kinder spielen Fußball.   Lisa schließt das Fenster.

Der Lehrer begrüßt uns.   Papa ist größer als Mama.

Guten Morgen!

2

Die Kinder spielen Fußball.
Sie haben großen Spaß.
Lisa schießt das erste Tor.

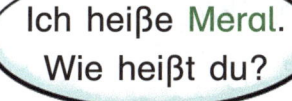
Ich heiße Meral.
Wie heißt du?

Du heißt Meral.
Ich heiße Lisa.
Wie heißt du?

Du heißt Meral.
Du heißt Lisa.
Ich heiße Tim.
Wie heißt du?

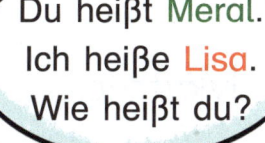

 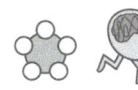

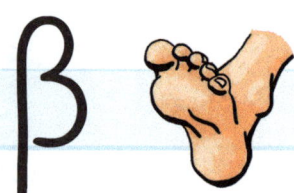

1 Schreibe immer das Gegenteil.

~~süß~~	krank	heiß	weiß	dunkel	groß

sauer — süß

klein

kalt

hell

gesund

schwarz

2 Ergänze e , es oder er .

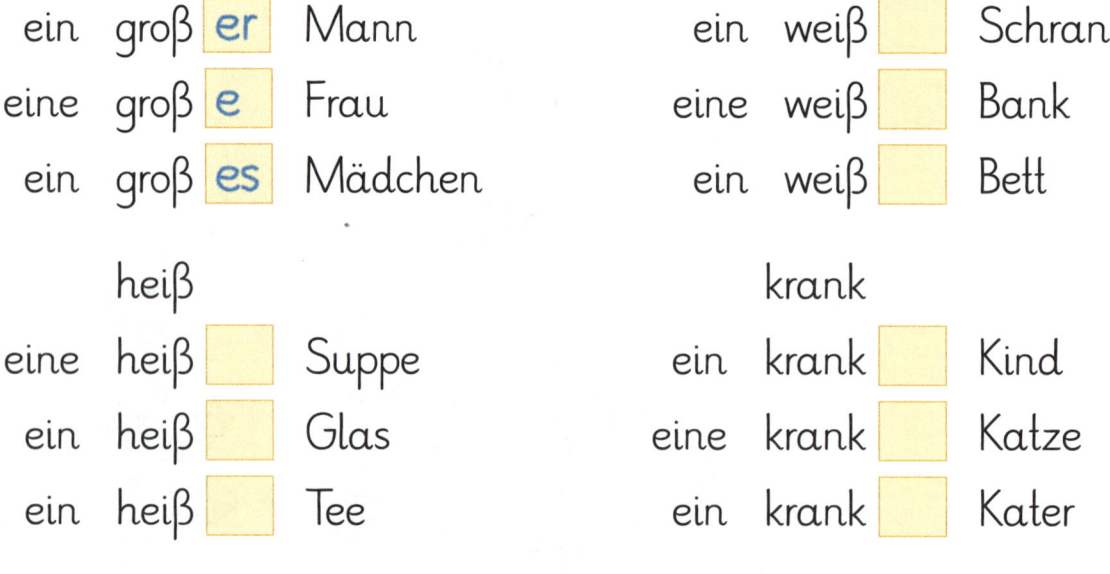

Adjektive sagen, **wie** etwas ist.

groß

ein groß **er** Mann
eine groß **e** Frau
ein groß **es** Mädchen

heiß

eine heiß ⬜ Suppe
ein heiß ⬜ Glas
ein heiß ⬜ Tee

weiß

ein weiß ⬜ Schrank
eine weiß ⬜ Bank
ein weiß ⬜ Bett

krank

ein krank ⬜ Kind
eine krank ⬜ Katze
ein krank ⬜ Kater

ß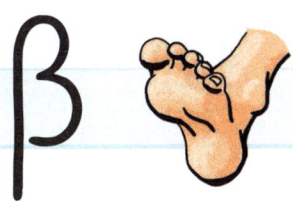

1 Schreibe zu den Bildern.

Ein Sommertag

| Fußball |
| spielen |

| Tor |
| schießen |

| heiß |
| barfuß |

| Gießkanne |
| Füße |

1 Weißt du eigentlich, wie lieb ich dich hab?

Der kleine Hase sollte ins Bett gehen,
aber er hielt sich noch ganz fest
an den langen Ohren des großen Hasen.
„Ich hab dich lieb, so hoch ich reichen kann",
sagte der kleine Hase.
„Ich hab dich lieb, so hoch ich reichen kann",
sagte der große Hase.

> Des is gscheit weit, denkt si <u>da kloane Hos</u>. 1
> Hätt i bloß <u>aa so lange Arm</u>. 2

> <u>Op eimaol</u> 3 hatt dä kleine Has <u>en joode Idee</u>. 4

„Ich hab dich lieb bis zum Mond",

sagte der kleine Hase und machte die Augen zu.
Der große Hase legte den kleinen Hasen
in sein Blätterbett. Er beugte sich über ihn
und gab ihm einen Gutenachtkuss.

> Dann schneggelt er sich <u>ans kloine Häsle</u> 5
> <u>ond flüschtert</u>: 6
> „Ja, bis zum Mond ond wieder retour …

… haben wir uns lieb."

Sam McBratney

Ottfried Fischer · *Mariele Millowitsch* · *Manfred Eichhorn*

Lesepate:

Text lesen, Kinderbuch vorstellen

Ich vermute ...

2 Die Geschichte auf Seite 14 wird teilweise

in Bairisch, Kölner Mundart und Schwäbisch erzählt.

Was können die unterstrichenen Stellen heißen? Schreibe.

Vergleiche mit einem Partnerkind.

1 *der*

2

3

4

5

6

3 Sprecht über die Geschichte gemeinsam in der Gruppe.

Worum geht es?

Kennt ihr noch andere Mundarten?

Weeste ... ?

Weet ik nich.

Dialekt in Standardsprache übertragen;
sich über die Geschichte/Dialekte austauschen

15

1 Spure **X** und **x** nach.

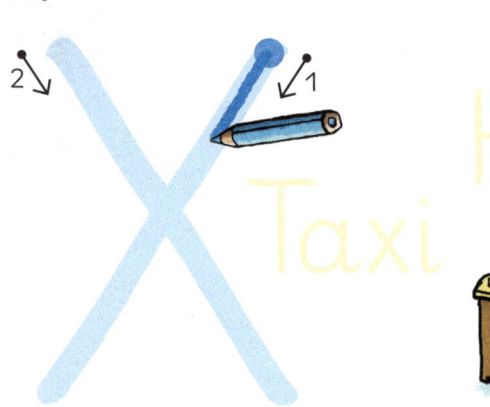

Nixe Mixer Axt
Hexe
Taxi Lexikon
extra
Xylofon Boxer Text

2 Schreibe **X** und **x**.

3 Kreise **x** ein und schreibe die Sätze ab.

Die Hexe schwimmt so gut wie die Nixe.
Die Nixe hext so gut wie die Hexe.

Wörter mit
X x musst du
dir merken.

X/x nachspuren; X/x schreiben;
x in den Sätzen einkreisen, Sätze abschreiben

X x

1 Ordne zu.

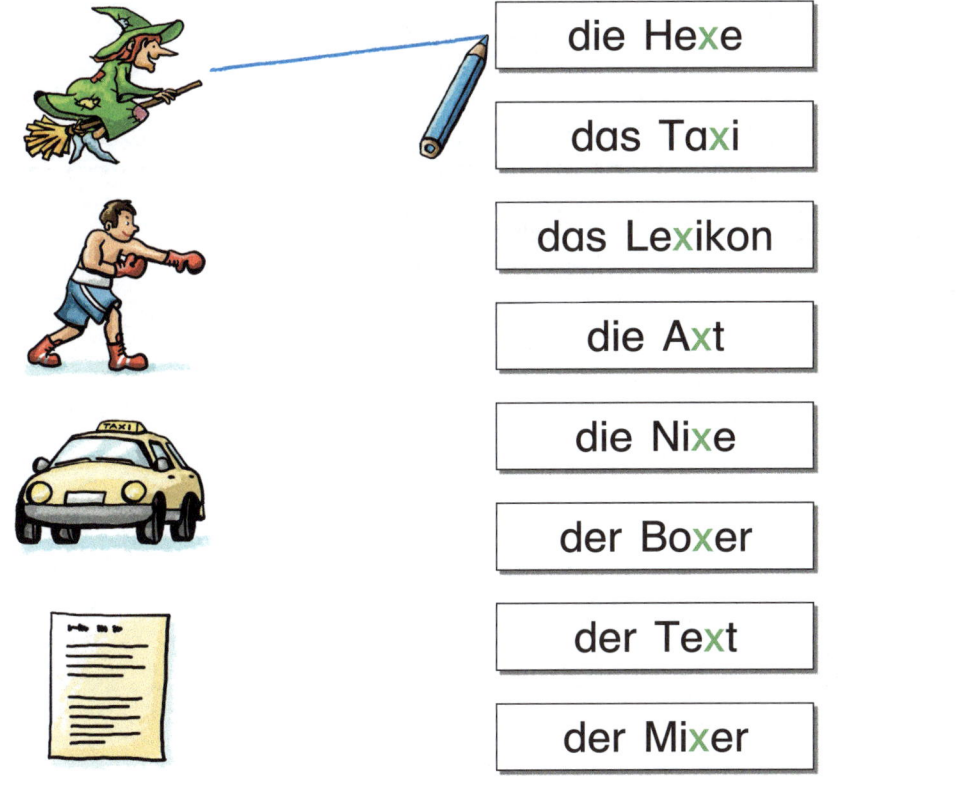

| die Hexe |
| das Taxi |
| das Lexikon |
| die Axt |
| die Nixe |
| der Boxer |
| der Text |
| der Mixer |

2 Ergänze die Vokale und schreibe.

a i

Taxi

X x

1 Ordne zu und schreibe ab.

| Papa ~~nimmt~~ die Axt. | Leon begrüßt Max. |

Lisa mag Hexenbücher.   Tim mixt Getränke.

Der kleine Boxer gewinnt.   Opa liest im Lexikon.

2

Lisa liest gern Bücher über Hexen.
Max liest gern Texte im Lexikon.
Trixi mag Geschichten mit Nixen.

Ich mag Texte über ...

passende Sätze zuordnen; Sätze abschreiben

X x

1 Setze die Wörter (Verben) passend ein.

| hexen | mixen | rollen | spielen | fliegen | denken | boxen | blinken |

Die Hexe   hext.

Der Blinker

Der Boxer

Der Denker

Der Mixer

Die Fliege

> Achte auf die Endungen! Denke an den Punkt am Satzende!

Der Roller

Der Spieler

2 Kreuze an.

		stimmt	stimmt nicht
 Mit der Axt schneidet man Brot.		○	✗
 Ein Lexikon kann man essen.		○	○
 In allen Märchen kommen Hexen vor.		○	○
 Es gibt extra Wege für Fußgänger.		○	○
 Boxer boxen mit Boxhandschuhen.		○	○
 Tee kocht man mit dem Mixer.		○	○
 Taxis fliegen in der Luft.		○	○

passende Verbformen einsetzen;
stimmt oder stimmt nicht ankreuzen

X x

1 Verbinde und trage die Uhrzeit ein.

Morgens früh um

Morgens früh um
kommt die kleine Hex.

Morgens früh um
schabt sie gelbe Rüben.

Morgens früh um
wird Kaffee gemacht.

Morgens früh um
geht sie in die Scheun.

Morgens früh um
holt sie Holz und Spän.

Feuert an um  ,
kocht dann bis um zwölf.

Fröschebein und Krebs und Fisch,
hurtig Kinder, kommt zu Tisch!

Volksgut

Morgens
früh um …

      Text lesen, passende Uhrzeiten in die Bilder einzeichnen

X x

1 Lies den Hexenspruch und ergänze.

Simsalabim ...

Irmela Brender

... und Sumsalabum,
jetzt wandeln wir die Wörter um.
Vertauscht man a, e, i, o, u,
dann geht es
wie beim Zaubern zu:

Die Hand wird zum Hund,
der Mond wird zum Mund,
der Riese zur Rose,

der Hase zur _____ .

2 Wandle die Wörter um.

Der Enkel wird zum   Onkel

Die Hummel wird zum

Der Engel wird zur

Die Tante wird zur

3 Lies und verwandle die Hexensprüche.

Hokus, pokus, fidibus,
Mixer, Hexe, Autobus.

Hikis, pikis ...

Hakas, pakas, fadabas,
Maxar, Haxa, Atabas.

Hekes, pekes, fedebes,
Mexer, Hexe, Etebes.

X x

1 Die kleine Hexe hat Ärger

Das Hexen ist keine einfache Sache.

Wer es im Hexen zu etwas bringen will,

darf nicht faul sein.

Die kleine Hexe übte gerade das Regenmachen.

Der Rabe Abraxas saß neben ihr

und war unzufrieden.

„Du sollst einen Regen machen",

krächzte er vorwurfsvoll,

„und was hext du?

Beim **ersten** Mal lässt du es weiße Mäuse regnen,

beim **zweiten** Mal Frösche,

beim **dritten** Mal Tannenzapfen!

Ich bin ja gespannt, ob du wenigstens jetzt

einen richtigen Regen zustande bringst!"

Da versuchte die kleine Hexe zum **vierten** Mal,

einen Regen zu machen. Sie ließ eine Wolke am Himmel

aufsteigen, winkte sie näher und rief,

als die Wolke genau über ihnen stand: „Regne!"

Die Wolke riss auf und es regnete – Buttermilch.

Otfried Preußler

Lesepate:

Text lesen

2 Unterstreiche die Antworten in dem Text auf Seite 22
und kreuze hier die richtige Antwort an.

Was sollte die kleine Hexe zaubern?

Schnee

Regen

Sturm

Der Rabe Abraxas

krächzte vorwurfsvoll.

lobte die kleine Hexe.

war mit der kleinen Hexe zufrieden.

3 Schreibe die richtige Antwort auf.

Was hexte die kleine Hexe beim **ersten** Mal herbei?

Sie

Was hexte die kleine Hexe beim **zweiten** und **dritten** Mal?

Was regnete beim **vierten** Mal herunter?

Y y

1 Spure **Y** und **y** nach.

Pony   Yak
Zylinder
typisch
Teddy   Xylofon
Hobby   Baby   Pyramide

2 Schreibe **Y** und **y**.

Y   Y

y   y

3 Kreise **y** ein und schreibe die Sätze ab.

Das Baby schreit.
Es will seinen Teddy haben.

Wörter mit **Y y** musst du dir merken.

Y/y nachspuren; Y/y schreiben;
y in den Sätzen einkreisen, Sätze abschreiben

Y y

1 Unterscheide.

Y y wie in Yak

Y y wie in Baby

Y y wie in Pyramide

Wie klingt das **Y y**?
Klingt es wie **j**?
Klingt es wie **i**?
Klingt es wie **ü**?

das Pony

die Yacht

das Handy

der Zylinder

der Teddy

das Xylofon

das Yoga

der Dynamo

2 Ordne die Wörter (Nomen) nach den Artikeln **der**, **die** oder **das**.

Zylinder   Baby   Pyramide   Pony   Yacht   Teddy

der	die	das
der Zylinder		

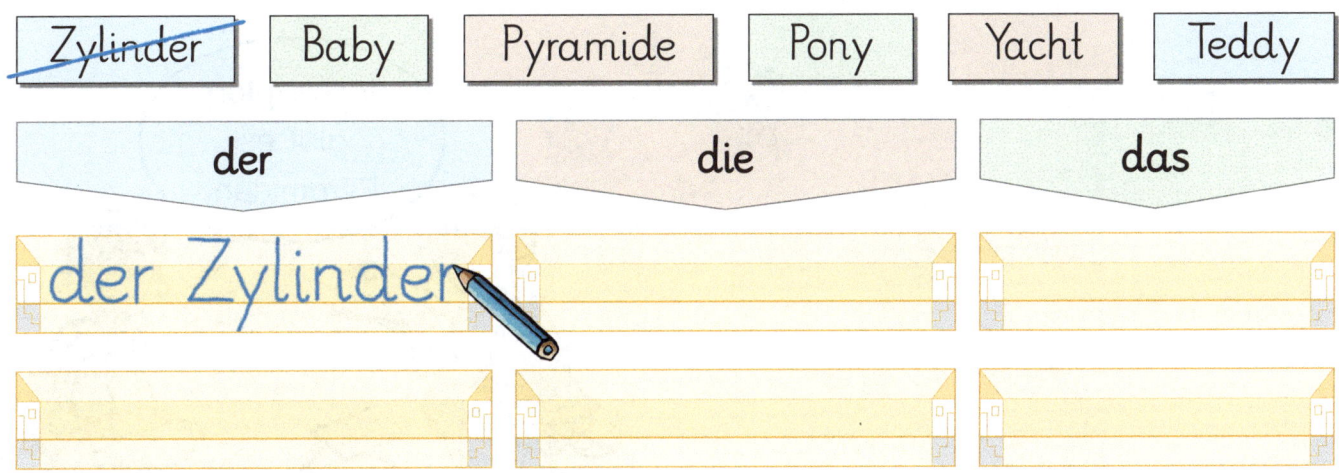

Lautqualitäten des Y/y-Lautes unterscheiden und farbig nachspuren;
Nomen nach dem Artikel ordnen

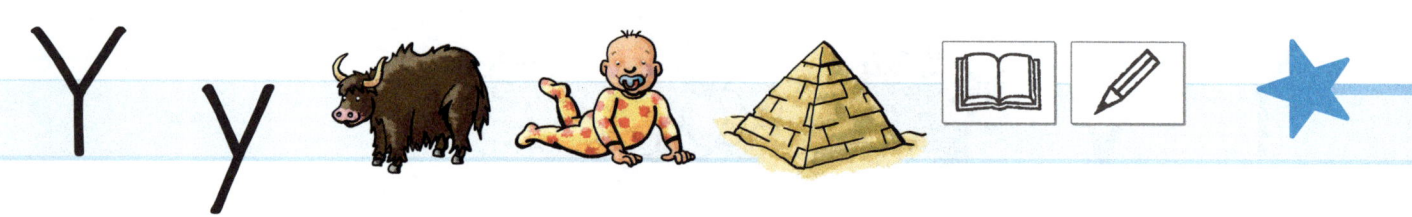

Y y

1 Ordne zu und schreibe ab.

~~Das Baby schreit.~~ | Lisa spielt Xylofon. | Das Pony ist klein. | Tim liebt seinen Teddy. | Aylin macht Yoga. | Opa trägt einen Zylinder.

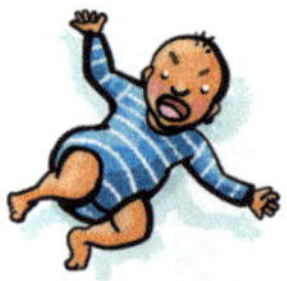

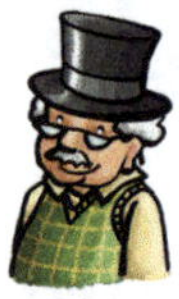

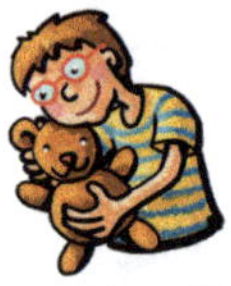

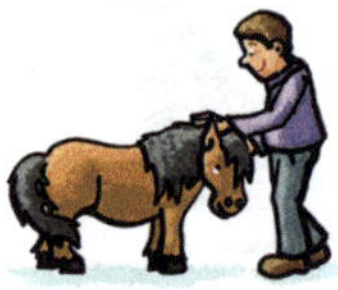

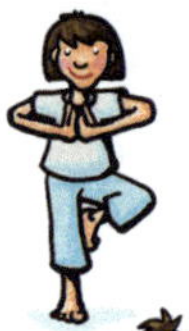

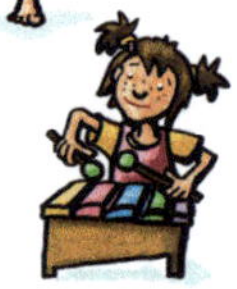

2

Jeder hat ein anderes Hobby.
Aylin macht Yoga.
Leon pflegt ein Pony.

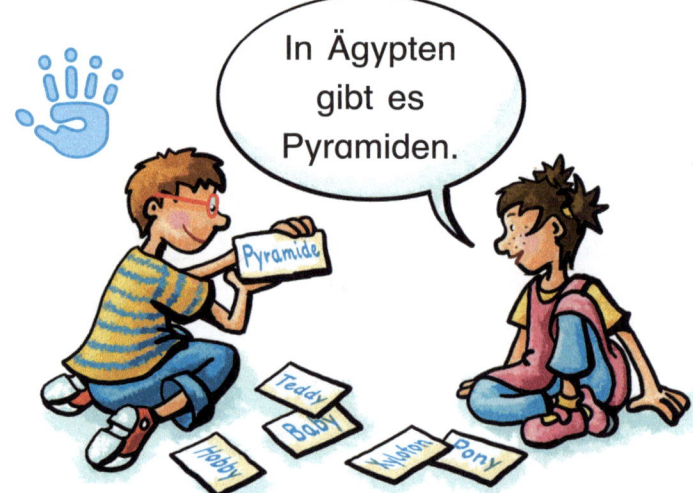

In Ägypten gibt es Pyramiden.
Pyramide
Teddy
Baby
Hobby
Xylofon
Pony

passende Sätze zuordnen; Sätze abschreiben

Y y

1 Verbinde und schreibe die passende Antwort.

Es ist ein sehr kleines Pferd.

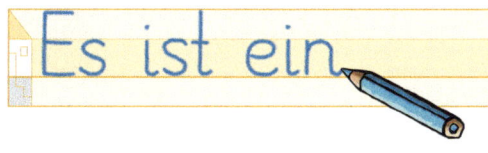
Es ist ein

Es ist ein Schmusetier.

Es ist ein kleines Kind.

Es ist ein schwarzer und hoher Hut.

ein Baby

ein Zylinder

ein Pony

ein Teddy

2 Lies und ergänze.

Das Baby sitzt mit 8 Monaten.

Es krabbelt mit   Monaten.

Es läuft mit   Monaten.

passend verbinden, Antwortsätze aufschreiben;
einem Säulendiagramm Informationen entnehmen

27

Y y

1 Lies und probiere aus.

Stuhl-Gymnastik

Wer lange sitzt, braucht Bewegung.
Diese Stuhl-Gymnastik kannst du auch
im Klassenzimmer machen.
Probiere die Übungen aus.

Schulterheber

Ziehe beide Schultern nach oben.
Lass sie dann ganz entspannt
und locker fallen.

Hüpfer

Stütze dich auf die Lehne.
Springe nun von links
nach rechts.

Radfahrer

Hebe die Beine an.
Bewege die Beine wie beim
Radfahren in der Luft.

Armgreifer

Greife mit den Händen
ganz weit nach oben.

Schräge Bahn

Stütze dich
mit den Händen
auf dem Stuhl ab
und hebe den Po an.

Übungsanleitung lesen und ausführen

Y y

1 Schreibe die passenden Wörter in die E-Mail.

| Timmy | okay | Ponyhof | Hey | Pyramiden |

yvonne@|

_____ Yvonne,

wie geht es dir? Bei mir ist alles _____.

Ich habe heute ein spannendes Hörbuch gehört:

Mister Y und die verschwundenen _____.

Schreibst du mir bald von deinen Reitstunden

auf dem _____?

Liebe Grüße

Dein _____

> Du kannst die E-Mail auch abtippen.

> Am liebsten spiele ich Fußball.

FREIZEIT

Basteln   Bücher   Fernsehen   Computer   Musik   Sport

Y y

1 **Yo Rühmer**

Yo Rühmer hat Lola erfunden
und die meisten Bilder in diesem Heft gezeichnet.
Sie hat uns einige Fragen beantwortet.

Wie ist Lola entstanden?
Ich habe ganz viel probiert
und erst aufgehört zu zeichnen,
als sie mir gefallen hat.
Nur Schuhe fielen mir für Lola nicht ein.
Deshalb hat sie keine an.
Dabei ist es ganz schön schwer, die Füße
mit den vielen kleinen Zehen zu malen.

Haben Sie schon als Kind gut gezeichnet?
Ja, das war schon immer mein Hobby.
Dieses Bild habe ich im Kindergarten gemalt.

Woher kommt der Name Yo?
Meinem Papa hat der Name sehr gut gefallen.
Aber weil man an Yo nicht erkennen kann,
ob ich ein Mädchen oder ein Junge bin,
haben mich meine Eltern Yolanthe genannt.
Aber so nennt mich meine Mutter nur,
wenn ich etwas angestellt habe.
Wichtige Sachen unterschreibe ich mit Yolanthe.

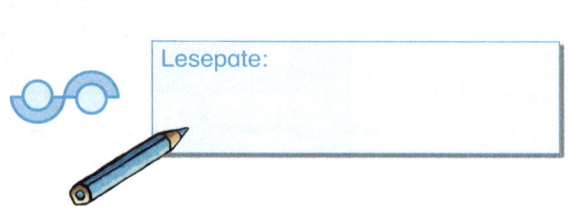

Lesepate:

2 Meine Unterschrift:

Text lesen; eigene Unterschrift gestalten

1 Spure **C** und **c** nach.

Creme   CD   Cent

Popcorn

Comic   Clown

Computer   C   Camping

2 Schreibe **C** und **c**.

3 Kreise **C** und **c** ein und schreibe die Sätze ab.

Lisa schreibt am Computer.
Tim liest einen Comic.

Wörter mit **C c**
musst du dir merken.

Wörter-Liste
Creme
Popcorn
Computer

C c

1 Ordne zu.

Meistens klingt **C** wie **K**: *Computer*.
Manchmal klingt **C** wie **ß**: *Cent*.

der **C**owboy

der **C**ent

die **C**ola

die **C**reme

der **C**omputer

der **C**omic

der **C**lown

der **C**ampingplatz

2 Setze die passenden Silben zusammen.

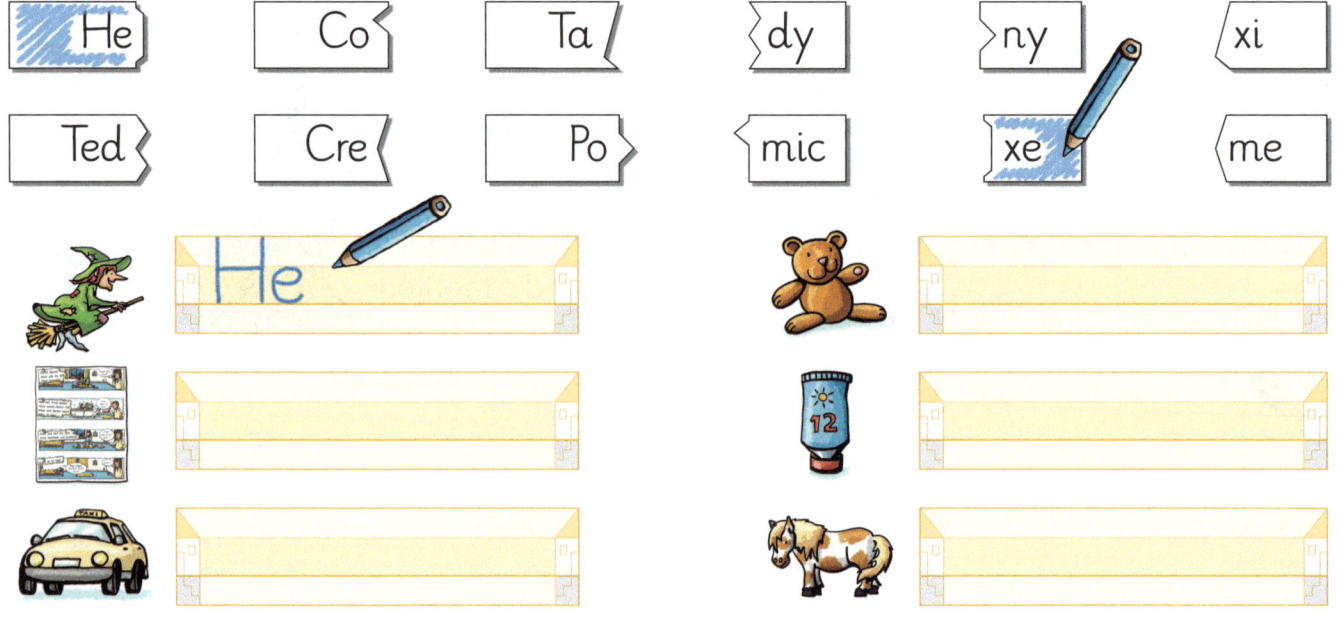

| He | Co | Ta | dy | ny | xi |
| Ted | Cre | Po | mic | xe | me |

He

32   Bilder mit passenden Wörtern verbinden; Silben zusammensetzen

1 Ordne zu und schreibe ab.

| Lisa liest einen Comic. | Der Clown macht Späße. |

| Der Junge heißt Nico. | Mama kauft Creme. |

| Kaugummis kosten 20 Cent. | Tim schreibt am Computer. |

2

Papa ist am Computer.
Lisa liest einen Comic.
Opa ordnet seine Cent-Münzen.

1 Cent
aus
Deutschland

1 Cent
aus
Frankreich

1 Cent
aus
Spanien

C c

1 Manche Wörter haben wir aus anderen Sprachen übernommen.
Oft kommen diese Wörter aus der englischen Sprache.
Kennst du ihre Bedeutung? Verbinde.

Abkürzung für *Compact Disc* – eine Scheibe zum Speichern von Bildern und Tönen		der Clown (sprich: *Klaun*)
Spaßmacher – er tritt im Zirkus auf und bringt Leute zum Lachen		die Couch (sprich: *Kautsch*)
kühl – jemand, der keine Angst zeigt		der Cowboy (sprich: *Kaubeu*)
Kuhjunge – er reitet auf einem Pferd und hütet Kühe		cool (sprich: *kuhl*)
Sofa – ein Polstermöbel zum Sitzen und Liegen		der Computer (sprich: *Kompjuta*)
elektronische Rechenanlage		die CD (sprich: *Zehdeh*)

2 Erkläre einem anderen Kind Wörter,
die du kennst. Achte auf die Aussprache.

das Skateboard	der Cousin	die Cornflakes
die Jalousie	der Container	das Couscous

> Kennt ihr noch mehr Wörter aus anderen Sprachen? Tauscht euch mit anderen Kindern aus!

passend verbinden; bekannte Fremdwörter erklären

C c

1 Lies und betrachte den Comic.

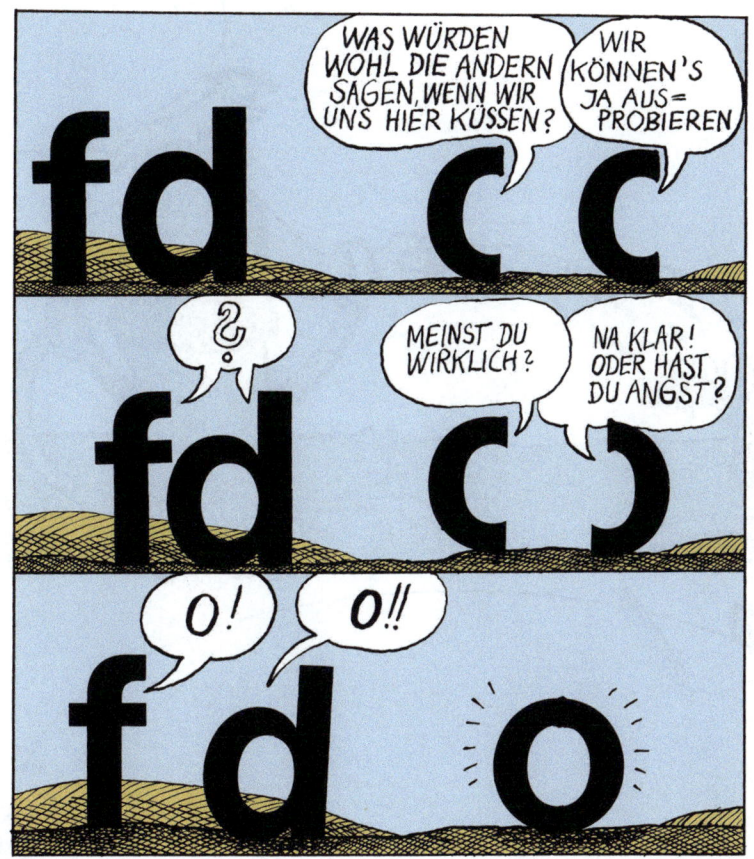

Paul Maar

2 Erzähle einem anderen Kind, was in dem Comic passiert.

3 Male, was passiert.

Was passiert, wenn **V** und **V** sich treffen? _____

Was passiert, wenn man das **u** auf den Kopf stellt? _____

4 Denke dir ein Rätsel mit Buchstaben aus. Lass andere raten.

Was passiert, wenn

C c

1 Ergänze den Comic.

Verschwinde!
Geh weg!

Comic lesen und weiterschreiben

C c

① Die C-Geschichte

Jeden Abend, wenn Clemens
von seinem Freund Carlo kommt,
beklagt er sich bei Mama und Papa.

Am **Montag** klagt er:
„Carlo darf Cola trinken, soviel er will!"

Am **Dienstag** klagt er:
„Carlo darf an Fasching ein Cowboy sein.
Ich will auch kein Clown mehr sein."

Am **Mittwoch** klagt er:
„Carlo darf Comics lesen!"

Am **Donnerstag** klagt er:
„Carlo hat einen Computer."

Am **Freitag** klagt er:
„Carlo kriegt alles.
Carlos Eltern sind viel lieber als ihr!"

Papa und Mama schauen sich an.
„Nachher rufen wir bei Carlos Eltern an", sagt Papa.
„Vielleicht haben sie noch Platz für dich."

Karin Schupp

Lesepate:

Vergleiche deine Antwort mit einem Partnerkind oder in der Gruppe. Sprecht darüber!

② Schreibe auf, was Clemens antworten könnte:

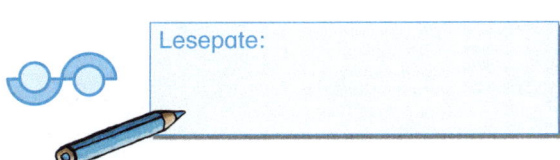

ck

1 Spure **ck** nach.

Rücken dick Rock

backen Jacke

Zucker

zurück Hecke

Glocke locker Schnecke

2 Schreibe **ck**.

ck   ck

3 Kreise **ck** ein und schreibe den Satz ab.

Trocken ist nicht nass,
dreckig ist nicht sauber,
dick ist nicht dünn.

ck nachspuren; ck schreiben;
ck im Satz einkreisen, Satz abschreiben

ck

1 Ordne zu.

die Decke

der Zucker

der Rock

der Sack

die Socken

die Jacke

der Wecker

die Brücke

2 Finde alle Reime.

die Hecke	der Schreck	backen	wecken
der Fleck	die Mücke	stecken	picken
die Brücke	die Schnecke	nicken	packen

der Lack	die Socken	lecken	schicken
das Glück	das Stück	drücken	schmecken
die Glocken	der Sack	zwicken	schmücken

ck

1 Ordne zu und schreibe ab.

| Mama weckt Lisa. | Papa packt den Koffer. |

Lea zieht den Rock an. | Tim steht auf der Brücke.

Die Schnecke ist dick. | Die Jacke hat einen Fleck.

2

Die Leiter ist wackelig.
Tim fällt herunter.
Er hat Glück.
Ihm tut nichts weh.

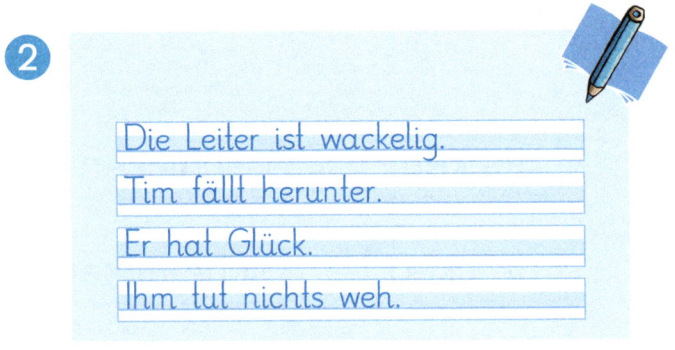

Pech gehabt
Ich bin hingefallen.
Nun habe ich
einen blauen Fleck.

Glück gehabt

    passende Sätze zuordnen; Sätze abschreiben

ck

1 Schreibe zu den Bildern.

Am Wochenende

| Wecker | Wecker | aufstehen |
| klingeln | ausschalten | Rock anziehen |

| Bäcker | Tisch decken | Familie |
| einkaufen | Besteck | frühstücken |

ck

1 **Die Schnecke und der Buckelwal**

Ein großes Tier, ein kleines Tier –
ihre Geschichte siehst du hier.

Die Seeschnecke kriecht auf dem Fels hin und her,
vor Sehnsucht ist ihr das Herz ganz schwer.
Das Meer ist so blau, der Himmel so weit,
es gibt keine bessere Reisezeit.
„Ich will fort, ich will weg!",
sagt die kleine Schneck.

Und eines Nachts, von ganz weit her,
da kommt ein Wal aus dem blauen Meer.
Ein Buckelwal ist es, so groß wie ein Schiff,
und er singt ein Lied vom Korallenriff,
von Wellen und Wogen, von Sonne und Wind,
von Weiten, die voller Wunder sind.
Und was sagt der Wal zum Schneckentier?
Er sagt: „Steig auf und fahr mit mir."

Auf geht's und los, die Welt ist groß.
Schön ist es auf dem Buckelwal-Floß.

Julia Donaldson und Axel Scheffler

Lesepate:

Text lesen, Kinderbuch vorstellen

ck

② Schreibe zu einem oder mehreren Bildern, was die Schnecke und der Wal auf ihrer Reise erleben könnten.

_____

_____

_____

_____

_____

_____

_____

_____

_____

In der Bücherei findest du sicher noch mehr Bücher.

mit Hilfe der Bilder einen möglichen Fortgang der Geschichte aufschreiben

ck

1 Schreibe immer das Gegenteil.

trocken	eckig	dreckig	dick	glücklich

nass	trocken
dünn	
rund	
sauber	
traurig	

2 Lies und ergänze. Spielt das Spiel gemeinsam.

Ich packe in meinen Rucksack ein 👗 .

Ich packe in meinen Rucksack ein 👗 und eine 🧥 .

Ich packe in meinen Rucksack ein 👗 , eine 🧥 und eine 👖 .

Ich packe in meinen Rucksack ein 👗 , eine 🧥 , eine 👖 und

_____ .

Ich packe in meinen Rucksack ein Kleid.

Ich packe in meinen Rucksack ein Kleid und eine Jacke.

Gegenteile aufschreiben;
Text lesen und ergänzen; mit einem oder mehreren Partnern das Spiel spielen

Qu qu

1 Spure **Qu** und **qu** nach.

quer Quadrat
Quark Quelle
quetschen
Quartett
Qualle quaken
bequem Qualm

2 Schreibe **Qu** und **qu**.

Qu   Qu

qu   qu

3 Kreise **Qu** und **qu** ein und schreibe ab.

Quallen schwimmen im Meer,
kreuz und quer, hin und her.

Ich spreche **Kw**, aber ich schreibe **Qu**.

Quatsch

Qu qu

1 Ordne zu.

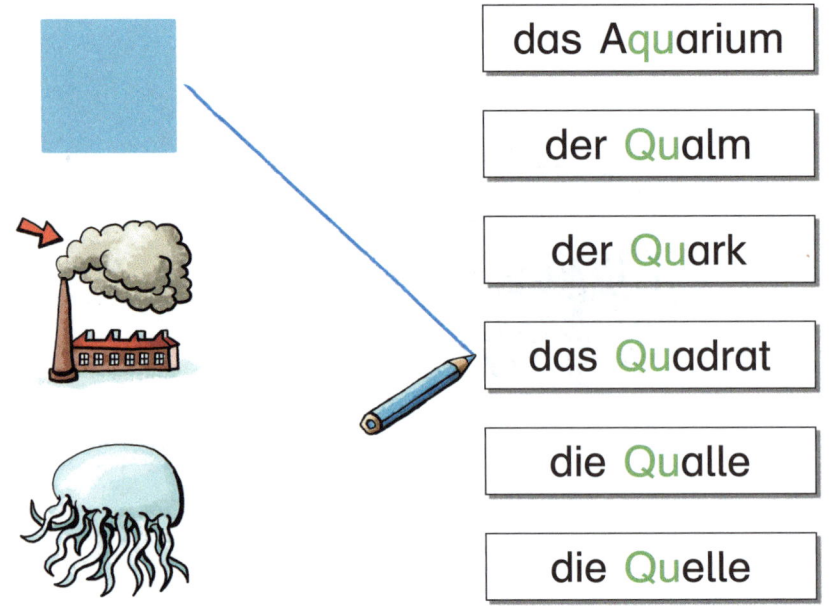

das Aquarium

der Qualm

der Quark

das Quadrat

die Qualle

die Quelle

2 Ergänze die Vokale und schreibe.

a a

Quadrat

46

Qu qu

1 Ordne zu und schreibe ab.

Das Sofa ist bequem.   Der Ofen qualmt.

Das Kind macht Quatsch.   Das Schwein quiekt.

Es gibt Kartoffeln mit Quark.   Wir spielen Quartett.

2

So ein Quatsch.

Der Quark qualmt.

Das Quadrat quakt.

Die Quelle quietscht.

passende Sätze zuordnen; Sätze abschreiben

47

Qu qu

1 Kreuze an, welche Wörter zusammengehören.

der Quatsch	das Quadrat	der Qualm	der Quirl
quatschen ✗	quadratisch ○	quälen ○	quietschen ○
quaken ○	quer ○	quellen ○	quirlen ○
quietschen ○	bequem ○	qualmen ○	quaken ○

der Drucker	der Blick	der Dreck	der Wecker
drucken ○	flicken ○	eckig ○	wecken ○
jucken ○	blicken ○	fleckig ○	strecken ○
gucken ○	stricken ○	dreckig ○	lecken ○

2 Bilde mit den Wörtern (Verben) passende Sätze.

~~quietschen~~   qualmen   quieken

quaken   quatschen

Achte auf die Endungen! Denke an den Punkt am Satzende!

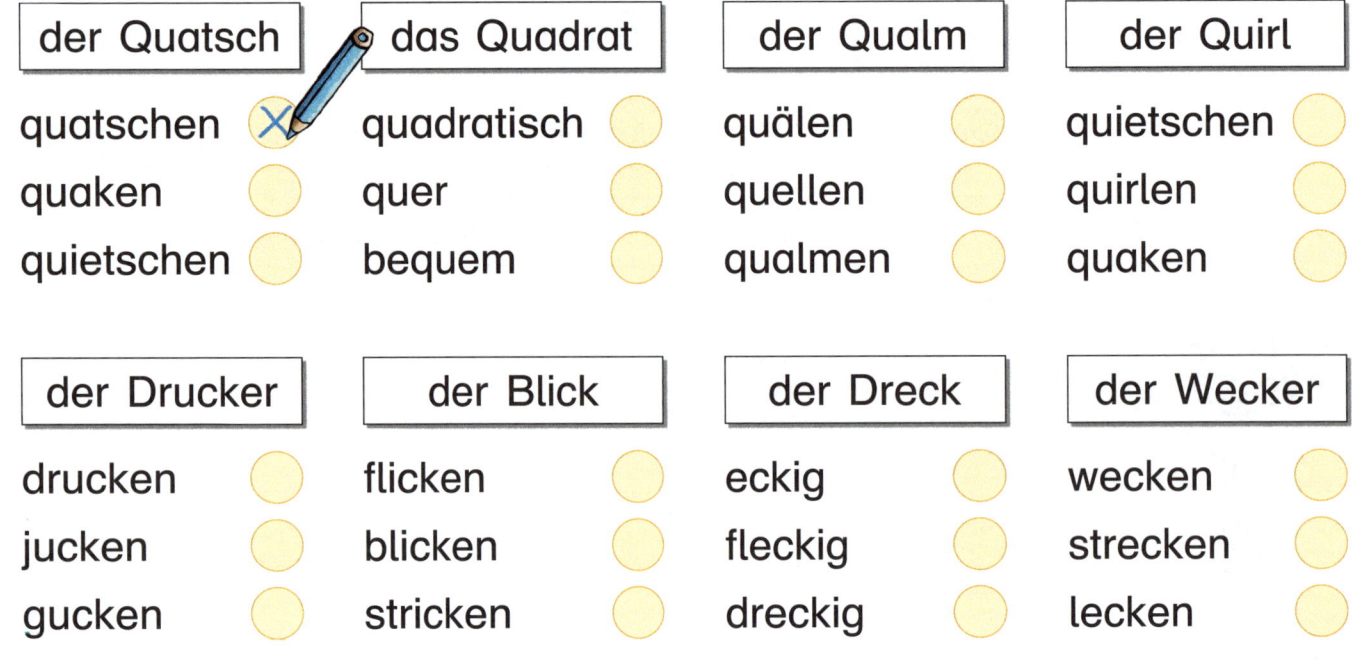

Die Tür quietscht.

48

Qu qu

1 Lies das Gedicht.

Manchmal

An manchen Tagen geht nichts zusammen:

Da bellt die Maus.
Da kräht der Frosch.
Da muht das Schwein.
Da piepst der Hund.
Da quakt der Hahn.
Da quiekt das Huhn.
Da gackert die Ziege.
Da meckert die Kuh.

nach Jürgen Spohn

2 Schreibe passende Wörter (Verben).

Wie ist es richtig?

Mäuse   piepsen   Hähne

Frösche   Hühner

Schweine   Ziegen

Hunde   Kühe

Qu qu

 **1** Spiele mit einem anderen Kind.

Würfel-Spiel

Das braucht man: Spielsteine, einen Würfel.

Spielanleitung:

Man darf so viele Felder vorgehen, wie man gewürfelt hat.

Wer auf ein Ereignisfeld kommt, muss die Anweisung befolgen.

Wer dabei einen Fehler macht, muss einmal aussetzen.

Sieger ist, wer zuerst in das Ziel kommt.

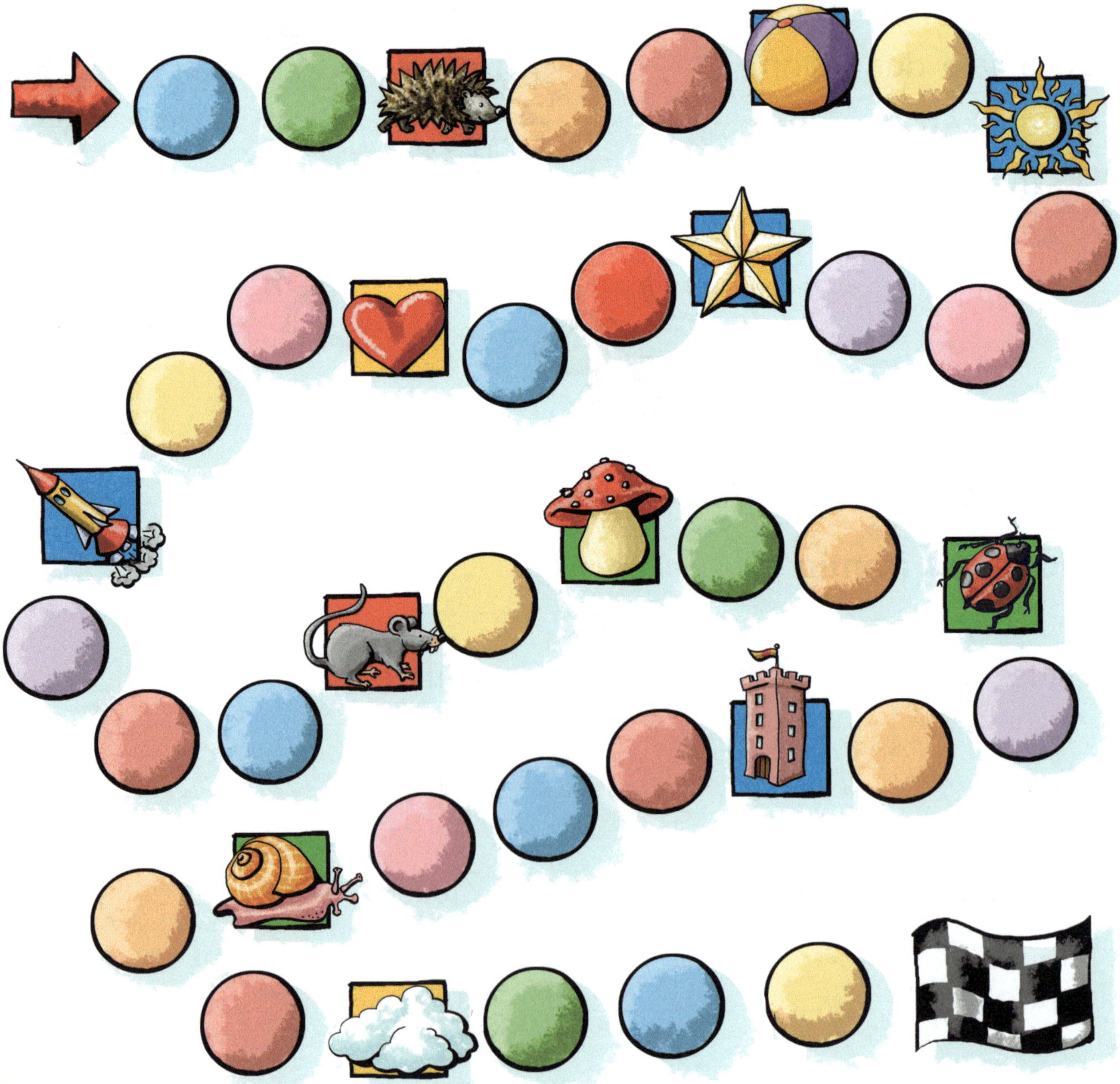

50

Qu qu

Nenne
ein Wort mit
drei Silben.

Nenne
eine
Märchenfigur.

Mache es dir
bequem und setze
eine Runde aus.

Finde
zwei Wörter,
die sich reimen.

Toll, du
darfst noch
einmal würfeln.

Schreibe
ein Wort mit
Qu oder qu auf.

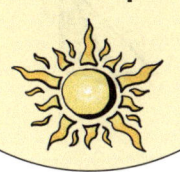

Bilde
ein Wort mit
vier Buchstaben.

Nenne
ein Wort
mit einer Silbe.

Nenne
ein Wort
mit l am Ende.

Nenne
ein Wort
mit K oder k.

Du hast zu
viel gequatscht.
Drei Felder zurück!

Erfinde
einen witzigen
Hexenspruch.

Qu qu

1 Lies und falte.

Aus einem Quadrat wird ein Frosch

Du brauchst ein quadratisches Blatt Papier.

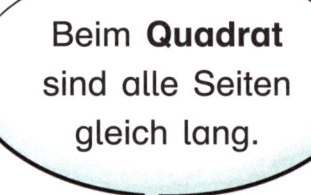

Beim **Quadrat** sind alle Seiten gleich lang.

1. Knicke die untere Ecke nach oben.

2. Knicke die rechte Spitze des Dreiecks auf die linke, falte das Papier und öffne es gleich wieder.

3. Falte die rechte Spitze des Dreiecks bis zur Mitte und dann gleich wieder nach außen. Jetzt hast du das rechte Froschbein.

4. Falte auf die gleiche Weise auch das linke Froschbein.

5. Drehe den Frosch um und male Augen auf. Fertig ist dein Frosch!

Kannst du das auch?

Frosch nach der Bastelanleitung basteln

Einsterns Schwester

1/2

Name

Mein Wortschatz

Cornelsen

---

vier
der Vogel, die Vögel

W w
warten, er wartet
das Wasser
der Weg, die Wege
weiß
weit
die Wiese, die Wiesen
der Wind, die Winde
der Winter
die Woche, die Wochen
wollen, sie will
das Wort, die Wörter
wünschen, er wünscht
die Wurzel, die Wurzeln

X x

Y y

Z z

die Zahl, die Zahlen
zahlen, sie zahlt
zählen, er zählt
der Zahn, die Zähne
zehn
zeigen, sie zeigt
die Zeit, die Zeiten
der Zucker
zwei
zwölf

Häufigkeitswortschatz:
aber, alle, als, am, an, auf,
aus, bei, bis, da, das, der, des,
die, doch, du, durch, ein, eine,
er, es, für, ich, im, in, ist, mit,
nach, nicht, nun, oder, schon,
sie, sind, so, über, um, und,
viel, von, vor, was, wir, wo

A a

acht
alt
die **Ameise**, die Ameisen
die **Ampel**, die Ampeln
antworten, er antwortet
der **Apfel**, die Äpfel
arbeiten, sie arbeitet
der **Ast**, die Äste
die **Aufgabe**, die Aufgaben
das **Auge**, die Augen
das **Auto**, die Autos

die **Birne**, die Birnen
blau
bleiben, er bleibt
blühen, sie blüht
die **Blume**, die Blumen
die **Blüte**, die Blüten
böse
brauchen, sie braucht
braun
bringen, er bringt
das **Brot**, die Brote
der **Bruder**, die Brüder
das **Buch**, die Bücher
bunt

B b

das **Baby**, die Babys
backen, er backt
baden, sie badet
der **Ball**, die Bälle
die **Bank**, die Bänke
der **Bauch**, die Bäuche
der **Baum**, die Bäume
die **Biene**, die Bienen
das **Bild**, die Bilder

C c

der **Cent**, die Cents
der **Clown**, die Clowns
der **Computer**, die Computer

T t

schön
schreiben, er schreibt
der **Schuh**, die Schuhe
die **Schule**, die Schulen
schwarz
die **Schwester**, die Schwestern
sechs
sehen, er sieht
die **Seife**, die Seifen
sieben
singen, sie singt
sitzen, er sitzt
der **Sohn**, die Söhne
sollen, sie soll
der **Sommer**
die **Sonne**

sparen, er spart
spielen, sie spielt
der **Sport**
sprechen, er spricht
stehen, sie steht
der **Stern**, die Sterne
die **Stunde**, die Stunden
suchen, sie sucht

der **Tag**, die Tage
die **Tante**, die Tanten
die **Tasche**, die Taschen
der **Tee**, die Tees
das **Telefon**, die Telefone
das **Tier**, die Tiere
der **Tisch**, die Tische
die **Tomate**, die Tomaten
trinken, er trinkt
tun, sie tut
turnen, er turnt

U u

üben, sie übt
die **Uhr**, die Uhren

V v

die **Vase**, die Vasen
der **Vater**, die Väter

F f

fahren, er fährt
fangen, sie fängt
fein
das Fenster, die Fenster
finden, er findet
der Finger, die Finger
fragen, sie fragt
die Frau, die Frauen
der Freund, die Freunde
frisch
der Frühling
der Füller, die Füller
fünf
der Fuß, die Füße

D d

danken, sie dankt
denken, er denkt
dick
die Dose, die Dosen
drei
dunkel

G g

der Garten, die Gärten
geben, er gibt
gehen, sie geht
gelb
das Geld, die Gelder
das Gemüse

E e

das Ei, die Eier
eins
das Eis
elf
das Ende, die Enden
eng
die Ente, die Enten
der Esel, die Esel
essen, sie isst
der Euro, die Euros

O o

das Ohr, die Ohren
die Oma, die Omas
der Onkel, die Onkels
der Opa, die Opas

R r

die Raupe, die Raupen
rechnen, sie rechnet
reden, er redet
der Regen
reisen, sie reist
der Ring, die Ringe
der Rock, die Röcke
rollen, er rollt
rot
der Rücken, die Rücken
rufen, sie ruft

P p

der Partner, die Partner
das Pferd, die Pferde
die Pflanze, die Pflanzen
der Pinsel, die Pinsel
der Platz, die Plätze
die Puppe, die Puppen

S s

der Saft, die Säfte
sagen, er sagt
das Salz
der Sand
der Satz, die Sätze
scheinen, sie scheint
die Schere, die Scheren
schlafen, er schläft
schneiden, sie schneidet

Qu qu

das Quadrat, die Quadrate
quaken, er quakt
die Qualle, die Quallen
der Quatsch

gesund, gesunde
das Gras, die Gräser
groß
grün
gut

H h

das Haar, die Haare
haben, er hat
der Hai, die Haie
der Hals, die Hälse
die Hand, die Hände
der Hase, die Hasen
das Haus, die Häuser
die Hecke, die Hecken
das Heft, die Hefte
heißen, sie heißt
helfen, er hilft
heute
die Hexe, die Hexen
der Himmel
holen, sie holt
hören, er hört

die Hose, die Hosen
der Hund, die Hunde

I i

der Igel, die Igel

J j

ja
das Jahr, die Jahre
der Junge, die Jungen

K k

der Käfer, die Käfer
der Kalender, die Kalender
kalt
die Katze, die Katzen
das Kind, die Kinder

---

die Klasse, die Klassen
das Kleid, die Kleider
klein
kommen, er kommt
können, sie kann
der Kopf, die Köpfe
der Körper, die Körper
krank

L l

laufen, er läuft
laut
leben, sie lebt
legen, er legt
leicht
leise
lernen, sie lernt
lesen, er liest
die Leute
das Licht
lieben, er liebt
liegen, sie liegt

M m

machen, er macht
das Mädchen, die Mädchen
der Mai
malen, sie malt
der Mann, die Männer
die Maus, die Mäuse
der Monat, die Monate
der Mund, die Münder
müssen, er muss
die Mutter, die Mütter

N n

die Nacht, die Nächte
die Nadel, die Nadeln
der Name, die Namen
die Nase, die Nasen
der Nebel, die Nebel
nein
neu
neun